慢慢变富
2

普通人的成功投资

闲来一坐s话投资

———— 著 ————

中信出版集团｜北京

图书在版编目（CIP）数据

慢慢变富 . 2, 普通人的成功投资 / 闲来一坐 s 话投资著 . -- 北京：中信出版社, 2025.4（2025.6重印）. --
ISBN 978-7-5217-7442-9

I. F830.91

中国国家版本馆 CIP 数据核字第 20258B5Y81 号

慢慢变富 2——普通人的成功投资
著者： 闲来一坐 s 话投资
出版发行：中信出版集团股份有限公司
（北京市朝阳区东三环北路 27 号嘉铭中心　邮编　100020）
承印者： 北京通州皇家印刷厂

开本：787mm×1092mm　1/16　印张：18.75　字数：200 千字
版次：2025 年 4 月第 1 版　印次：2025 年 6 月第 3 次印刷
书号：ISBN 978-7-5217-7442-9
定价：79.00 元

版权所有·侵权必究
如有印刷、装订问题，本公司负责调换。
服务热线：400-600-8099
投稿邮箱：author@citicpub.com

前言

人的这一生是很有意思的，回顾过往，我万万没有想到自己25年前误打误撞地进入股市，使得个人家庭的财富与中国股市联系得如此紧密，更没有想到后来还出版了有关投资的书。特别是《慢慢变富》出版以来，6年的时间过去了，至今在网上仍有很多读者朋友进行留言与点评，说这本书已经成为他们的枕边书，时常会拿出来翻阅，有读者甚至读过十几遍了，他们也因此改变了自己的投资理念，改变了个人家庭的财富命运。每每看到这些留言与点评，我的内心更是充满了人生的成就感和满足感，同时，这种积极的正向激励，也成为我多年来持续不断地在网络上输出投资内容的内在驱动力。也正是这种正向激励，催生了这本"计划外"的《慢慢变富2》。

那么，《慢慢变富2》与《慢慢变富》有什么不同吗？《慢慢变富》这本书，着力于解决我们普通投资者在股市中"举什么旗、走什么路"的问题；着力于解决我们普通投资者不会选股，在估值上拿捏不准，长期拿不住等痛点问题；整体的投资框架是全面铺陈开来的，也可以说是对价值投资面面俱到的一本书。然而，写作是遗憾的艺术，虽然这本书至今仍受到读者朋友的广泛好评，但是用我自己今天的眼光来重新审视这本书，也时常觉得有很多意犹未尽的地方。特别是投资本身就是一个不断学习、不断进化的过程，自己在投资方面也有了更多新的感悟和认知，所以，在《慢慢变富2》中，我并没有着力于面面俱到，反而是在各个篇章中着力于从某个侧面说得更深更透，更具有实操性，可以说，这本书是对前一本书的进一步深化与完善，进而彻底解决我们普通投资者在投资中的痛点问题。

无论是《慢慢变富》，还是《慢慢变富2》，我为什么一直将读者定位于我们普通投资者呢？因为我本人就是一位普通的投资者，二十几年在股市中的风风雨雨，让我更加懂得我们普通投资者实现自己财富逆袭的不易，更加懂得我们普通投资者在股市的喜怒哀乐，所以，在书中我总是力求将自己摆进去，告诉我们普通投资者如何慢慢找到适合自己的投资路线和投资策略。虽然书中的核心思想理念仍然来源于格雷厄姆、巴菲特、芒格、费雪等投资大师，但如实说，其中很多投资感悟，均是我用自己的钱"练"出来的。投资是实践的艺术，但愿我走过的弯路可供读者朋友借鉴，我成功的投资实践能给读者朋友以更大的启发与激励，从而让读者朋友尽快走上投资的坦途，尽快实现自己的财富梦想。

本书收录了我曾经写下的人生愿景，就是通过自己知行合一的投资实践，通过自己的文字输出，影响和带动有缘人一起慢慢变富。这对我的人生来讲，是一件十分有意义和幸福的事情。我相信，我的这个人生愿景一定会实现的。

需要指出的是，我们普通投资者的能力圈是很小的，所以本书并没有涉及过多的行业领域，更没有多少投资案例的剖析，我所提及的行业赛道和上市公司，更多来自自己的投资实际经历和思考，读者朋友可以举一反三，根据自己的能力圈去做投资选择。同时，书中所提及的个股，也更多的是带有启发和借鉴意义，并不构成具体的投资建议，因为我个人的投资组合一直处于持续不断的优化中，实际上就是在2025年3月，我还对投资组合进行了精简，将资金更多地聚焦在三四家优秀的上市公司上。对读者朋友来说，重要的是构建起适合自己的硬核思想体系，切不可机械地去抄作业。

在本书撰写过程中，中信出版社的墨菲团队给予了我很多鼓励与支持，并付出了很多辛苦与努力；我的爱人在我撰写的整个过程中，给予了全力的支持，同时，还是第一位读者，帮助我一起校对书中的文字；投资朋友静逸投资、吴飞、梁孝永康、终身黑白还专门为本书写了推荐语，在此，我一并表示深深的谢意。多年来，有很多一直在网上关注我的投资朋友，对我的投资图书、投资文章，给予了许多积极评价，正是你们的激励，才有此书，在此，我也表示深深感谢，感恩这些投资朋友！

张居营（闲来一坐 s 话投资）
2025 年 4 月

目录

第一章
理念篇

股市投资要有"历史观"	003
尝试做一次英明的决策	008
道正，就不怕路远	013
错失，是一种更大的机会成本	022
要善于将自己的投资理论化	026
为什么价值投资总是被嘲笑	031
给新入市股民的"冷建议"	035
股票投资究竟是赚谁的钱	040
何来第一桶金	045
完全看走眼的可能性有多大	051
投资中的三个思维	055
投资中有哪些风险	059
不妨给孩子建立投资账户	063
相信的力量	067

第二章
选择（估值）篇

白酒赛道——我们喝的并不仅仅是酒　　073
家电赛道——空间舒适，人类永恒的需求　　080
美容赛道——爱美之心人皆有之　　084
养生赛道——谁也不愿意快速老去　　086
医药赛道——逃避不了的不情愿消费　　089
扭住投资的根本逻辑　　093
逃脱不掉的"周期"　　098
段永平的"不为清单"　　103
研究企业的着眼点和落脚点究竟放在哪儿　　110
怎样理解企业的自由现金流　　112
市场先生的"能见度"有多远　　119
市场逻辑的指导作用　　124
估值上的因股施策　　128
谈谈"透支一年买入法"　　132
说一说"毛估估"和"目测"　　137
关于估值计算的思考　　145
内在价值的概念　　150

III 第三章
持有篇

我的一点熊市经验	157
投资中的危机管理	161
投资组合管理的艺术	165
股市里流传的最大"谬种"	169
不做"年度价投""季度价投"	174
如何正确评估投资业绩	177
论分红的重要性	181
投资的"八字诀"	184
可口可乐小镇的启示	187
做一名好股收藏家	191
牛市亢奋状态下的策略应对	195

IV 第四章
修养篇

作为人,何谓正确	201
投资要学辩证法	206
心流的体验	211
巴菲特的管理艺术	215
对全局和未来的掌控感	223
谈谈快乐投资	228

V

第五章
悟道篇

从技术分析到价值投资的觉醒	239
投资、收获、分享	247
守正笃实久久为功,真诚善良事事顺遂	251
风狂雨骤时立得定,才是脚跟	258
知行合一地慢慢变富	279
送给后辈的"财商"礼物	283

第一章

理念篇

股市投资要有"历史观"

股市投资为什么要有历史观呢？因为只有具备了历史观，再去分析问题、认识问题之时，才会有看问题的纵深度，才会容易把握住一些本质性的、规律性的东西。

这个历史观就是要站在历史的制高点上去看问题。这个"制高点"，夸张一点说，就是站在泰山上看问题都不行，而是要站在珠穆朗玛峰上，如此才会"一览众山小"。

站在历史的"山顶上"看，股市永远是螺旋向上的

股市自诞生以来，是反映人类社会发展规律的。如果拉长到相当长的历史周期来看，人类创造的股市永远是一个螺旋向上的大牛市。

中外股市的发展史就是明证。美国道琼斯工业平均指数从1932年的41点，上升到2024年年底的42 544.22点，总体趋势就是不断向上攀升，不断创出历史新高。中国股市虽然历史并不长，还算不上完全意义的成熟市场，但是感兴趣的投资者，可以打开上证指数的年K线图，找到一次次的历史低点（1990年的95.79点、2005年的998.23点、2008年的1 664.93点、2013年的1 849.65点、2018年的2 449.20点、2024年的2 635.09点），将这些低点以直线相连，可以明显看出，中国股市呈现出螺旋式上升的规律性。

有点投资经历的人都应该记得，许多股评家在我国股市2007年"疯牛"之时就预言说，中国股市万点不是梦。其实站在历史的长河中去看，他们只是着急了点儿。随着中国未来的强势崛起，中国股市将来何止万点呢？当然，到达的具体年份、具体时间我们不好确定。

所以说，站在历史的"山顶上"去看问题，股市根本就没有所谓的牛熊市，只是有时它跌得深一些，有时它涨得高一些，但总体而言其趋势是螺旋向上的。在股市里投资，首先要有这么一个大的历史观。

站在历史的"半山腰"上看，股市会经历牛熊转换

在人类创造的市场经济中，至今还没有好的办法克服经济发展的周期性波动问题。尽管我们想了种种办法，尽量去"调控"这种交替规律，或许在一定程度上会缓解、会延缓这种周期性波动，但还是没有办法从根本上去改变。股市归根到底是实体经济的反映，或者说它就是放大了的实体经济，在一定时期内它也总是在所谓的牛市和熊市之间交替进行的，或者出现所谓的结构性牛市和结构性熊市。

人们常说，股市中的人们总是反复患上贪婪与恐惧的传染病，但实体经济中的人又何尝不是如此呢？

远的不说，近几年，见国内光伏赚钱，于是很多企业一哄而上，结果造成产能过剩；见白酒赚钱，于是很多产业资本纷纷进入，结果陷入亏损的无底洞；见房地产赚钱，于是各方涌入，后来国家出台调控措施，不少房地产企业资金链条断掉，甚至"跑路"。诸如此类，不胜枚举。

从人性的角度来分析，实体经济中的人们与股市中的人们是相同的。当某个行业赚钱效应明显时，实体经济同样会不断扩大再生产，最终的结果往往是产能过剩，进而造成经济在繁荣与衰退之间的周期性波动，反映到股市上就有所谓的牛熊市。

股市与经济的关系

还是站在历史的"山顶上"去看，经济与股市的发展趋势永远是趋向一致的，即股市是经济发展的晴雨表。而且这种周期拉得越长，其走向越会无限趋向一致。

前文提到，美国道琼斯工业平均指数，从1932年的41点，上升到2024年年底的42 544.22点，92年的年复合上涨幅度是多少呢？答案是7.84%。那些梦想着年复合收益率达到百分之三四十，甚至想年复合收益率更高的投资者，看到这个结果是不是很沮丧？但根本规律就是这样，因为它毕竟是美国经济发展的最终反映。

中国股市已有三十多年历史，再过二三十年，甚至百年、千年，也不会逃脱这个规律的制约。提起中国股市，人们多喜欢拿上证指数说事儿，但由于历史编制的原因，上证指数是严重失真的，一是金融与石化两个板块占比太大，它们中的大盘股上涨或下跌可以左右指数；二是并不具有全面代表性，深证主板、中小板、创业板等并不包括在内；三是历年的分红并不做调整，按自然下跌计算。相比较之下，深证成指比上证指数更具代表性。

1991年4月3日，深证成指的开盘点数为988.05点，至2024年年底10 414.61点，33年年复合上涨幅度为7.4%。再看沪深300这个基准指数，2005年1月4日开盘点数为994.76点，至2024年年底3 934.91点，19年年复合上涨幅度为7.51%。无论是深证成指，还是沪深300基准指数，并不像人们想象中的那样差。不要小瞧了这个年复合上涨7%左右，几十年过去，依靠复利的增长，也会有可观的财富。只要我们年轻时投入一笔钱，活得足够长寿，有持久的耐力。可惜大多数人认识不到这个"规律"，或者即便是认识了，也坚持不了这么久（实则是假认知）！

但是从历史的"半山腰"上看，或者从股市的某一阶段看呢？实体经济的发展未必与股市的走向完全趋向一致，也就是说，股市在某一阶段未必是经济的晴雨表。比如，在经济低迷期，也未必没有牛市，而在经济繁荣期，也未必没有熊市。

在股市中待久的人会发现，决定股市在某一阶段走牛或走熊的因素有很多，对此，经济学家、股评家也争论不休，表达出各种令人眼花缭乱的观点，但其中关键的因素还是供需关系，简而言之，就是影响股市在某一阶段走牛或走熊的因素只有两个，即钱与情绪。钱多了，股市自然就上涨；有赚钱效应了，就能吸引更多的人进来；相反，钱少了，股市自然就下跌，而股市下跌，许多人就被吓跑了，造成股市上的钱更少，于是股市就会跌更深。

但是，"反者道之动"，这种供需关系总会有一个平衡点，一旦打破这个平衡点，它就会走向它的反面。所以，影响股市阶段性牛熊的关键因素就在于"钱"的供需，同时，人们的情绪与心理又起着推波助澜的作用。

但是，这个阶段究竟有多长，是一两年，还是三五年，其间又如何曲折反复呢？这又是我们不好判断的。

投资者如何面对阶段性的牛熊市

多年来，我在股市上创作出一段"名言"，而且这段名言快让我重复一万遍了，但也正是这段名言，我才能安然在股市度过20多年的春夏与秋冬，这就是：

与其预测风雨，不如打造挪亚方舟；

与其猜测牛熊，不如见便宜了便买入、分段买入，并以年为时间单位长期持有；

投资的出发点和落脚点，一定要放在低估或价格合理的优秀或伟大企业身上，切不可寄托于牛市大潮的全部上涨之上。

说到这里，可能投资者会有疑问：你既然能够如此清晰地分析、论证牛熊，那是不是可以牛市前进入、熊市前卖出呢？

回答是"理想很丰满,现实很骨感",因为我们做不到那么聪明,且不要说普通投资者,就是那些世界级的投资大师也是做不到这般聪明的。

尽管我们有着上面的"理论指导",但是实际上阶段性牛熊市的时间究竟有多长,何时出现转换,在事前是难以清晰判断的,或者说只有它走出来,我们才更容易看清楚。

但是,如果我们有一个大的历史观,我们遇到的将永远是螺旋向上的大牛市,随着中国的发展,中国股市一些优秀的上市公司必将给其长期投资者带来丰厚的回报。我们只要选对了优秀的投资标的,是可以不论阶段性的牛熊如何转换,坚定地以年为时间单位长期持有的。中国股市不长的发展史,已经证明了这种穿越牛熊的长期投资的可行性。

当然,我们说对阶段性牛熊市不好判断,并不等于我们无法感知、无法应对,对有的投资标的,我们完全可以不论牛熊,淡定持有;对有的投资标的,也可以根据市场的估值变化、情绪变化,采取适度灵活的持有或卖出策略,正所谓因股施策。这个方面的话题,后文再谈。

尝试做一次英明的决策

价值投资的开山鼻祖格雷厄姆所著的《聪明的投资者》,是写给普通投资者的书,自 1949 年问世以来,一直被人们奉为"投资者的圣经"。在 1973 年第 4 版出版时,格雷厄姆专门写了一篇后记[1]，每当我读到这篇后记时，总有一个问题萦绕心怀：他想告诉投资者什么呢？

格雷厄姆的投资策略一直被称为"捡烟蒂"。他和他的合伙人，一生中花了大量的时间，打理他们的证券投资组合。他们的组合总是能够做到很好的分散化，其中包括100多种不同的证券，通过这种方法（低估时买进，在上涨到价格不再有吸引力时就卖掉），他们做得相当成功，管理的几百万美元的资产年均收益率为20%。

然而就是在这本书出版的第一年，即1949年，他和另外一位合伙人出资71.25万美元，相当于他们资金总量的25%，收购了一家成长型公司一半的权益。虽然，他在后记中没有写出该公司的名字，但是人们依然发现了蛛丝马迹，这就是政府雇员保险公司。他担任这家公司的董事多年，机缘巧合，他最优秀的学生巴菲特于1976年也对该公司进行了巨额投资，当时这家公司已经陷入破产的边缘，而这笔投资后来也成为巴菲特很成功的一笔。

格雷厄姆在后记中写道：

事实上，公司的极大成功使得其股价上涨到了最初购买时的200多倍。这种上涨幅度大大超过了利润的实际增长，而且几乎从一开始，行市（市盈率[2]）似乎就显得过高——按两个合伙

---

[1] 资料来源：本杰明·格雷厄姆. 聪明的投资者 [M]. 王中华，黄一义，译. 北京：人民邮电出版社，2016.
[2] 市盈率（Price Earnings Ratio，简写为P/E），是股票价格除以每股收益的值，常被用来评估股价水平是否合理。——编者注

人自己的投资标准来看。但是，由于他们认为这个公司从事的是某种程度上"离不开的业务"，因此，尽管价格暴涨，他们仍然持有该公司大量的股份。他们基金的许多参与者都采用了同样的做法，而且通过持有该公司及其后来所设分支机构的股票，这些人都成了百万富翁。

据第4版的注疏者贾森·兹威格的注释：

一位投资者如果在1948年年初拥有格雷厄姆-纽曼公司的100股（价值11 413美元），那么到1972年，当他继续持有政府雇员保险公司分配的股票时，其价值将达到166万美元。

这相当于24年上涨145.45倍，年复合增长率达23.06%。格雷厄姆在后记中这样写道：

出人意料的是，仅从这一笔投资决策中获取的利润，就大大超过了20年内在合伙的专业领域里广泛开展各种业务（通过大量调查、无止境的思考和无数次决策）所获得的所有利润。

请注意以上关键词：

➡ 投入25%的资金：这对讲究分散化投资的格雷厄姆来说，已经是相当大的"重注"了。
➡ 收购了这家公司的一半权益：这家公司真正是他"自家"的了。

➡ "恒时"高估：从他们的标准来看，几乎从一开始，市盈率就显得过高，但考虑到是"离不开的业务"，就是后来股价暴涨他们也没有卖掉。但该公司后来因为经营不善走到快要破产的境地，又被巴菲特购买，这是1976年的事情了。

从中不难看出，格雷厄姆没有卖掉该公司的主要原因还是在于，这家公司已经是他们"自家"的了，否则，如果换成别的证券，他们早就按照"捡烟蒂"的策略而卖出了。那么，格雷厄姆在这篇后记之中究竟想告诉投资者什么呢？且听一听他怎么说：

这个故事对聪明的投资者有什么教育意义吗？一个明显的意义在于，华尔街存在着各种不同的赚钱和投资方式。另一个不太明显的意义是，一次幸运的机会，或者说一次极其英明的决策（我们能将两者区分开吗？）所获得的结果，有可能超过一个熟悉业务的人一辈子的努力。

借着格雷厄姆的这段话，我们可以做以下延伸思考。

第一，股市中赚钱的方法有多种。就价值投资来讲，后来演绎出不同的投资流派和不同的投资风格，如有严格秉承格雷厄姆"捡烟蒂"策略的投资大师沃尔特·施洛斯，也有后来开创成长股投资的菲利普·费雪，而集大成者非巴菲特、芒格莫属。今天，我们是站在这些巨人的肩膀上，可结合中国股票市场的实际，根据所持公司的不同，以及自己的投资偏好，做出不同投资风格的选择。

第二，可以尝试做一次英明的决策。股市投资确实简单而又不易。然而，对闯荡股市多年，并且已经具有相当经验的投资者来讲，是不是可以尝试着做一下这种英明的决策呢？

格雷厄姆投资这家公司，他的大股东身份就决定了他不仅仅是一名普通的股票交易者了，因此才会有这种"出人意料"的结果。这一点给我们以很大的启发。

我们看一看中国上市公司中的一些企业家，他们终其一生也就是经营、坚守着一家企业。比如，格力电器（简称"格力"）的董明珠在2015年"股灾"之后大幅增持"自己家"公司的股份，至2024年第三季度，已持有100 798 492股（包括员工持股计划增加的股份），占公司总股本的1.79%。她的这种"身份"决定了她不可能像普通投资者一样，在二级市场进进出出。事实证明，多年以后，反倒是这些持股不动的企业家赚得更多。这倒是一件颇令人玩味的事情。既然如此，我们何不也效仿一下这些企业家的做法呢？

本人不才，近几年实际上已经将自家大部分金融资产"捆绑"在少数有长期投资价值的优质股权上了（"茅台+"组合），而且对这少数几家公司从内心也当成"自己家"的公司看待了。从实际收益看，也比自己以前忙忙碌碌、进进出出的效果好得多。我的这一做法，就或多或少地受到格雷厄姆这篇后记的启发。

人生在世，无论是在现实世界，还是在股票世界，其实重大选择的机遇并不多。一旦遇到这种重大的机遇，自当决断之。

苏东坡《留侯论》有言："古之所谓豪杰之士者，必有过人之节。人情有所不能忍者，匹夫见辱，拔剑而起，挺身而斗，此不足为勇也。天下有大勇者，卒然临之而不惊，无故加之而不怒，此其所挟持者甚大，而其志甚远也。"

在现实社会中，我们多数普通人是成不了这种"豪杰之士"的，但是股票市场有时会给这种大勇者提供改变自己财富命运的一个通道，那何不大胆尝试一下呢？

在 A 股市场，有太多所谓的投资者，每天满足于小打小闹式的追涨杀跌，不仅浪费了青春，而且还要付出巨大的精神成本，到头来"空悲切"，甚至还闹得家庭不睦，如果自己不加以改变，真的不如早早离开这个市场。当有重大机会之时，你得重重下注。有时，成功就是这么简单！

第三，诚如格雷厄姆所写的："可是，在幸运或关键决策的背后，一般都必须存在着准备和具有专业能力等条件。人们必须在打下足够的基础并获得足够的认可之后，这些机会之门才会向其敞开。"是的，无论在现实社会，还是在股票市场，二八定律常常是发挥作用的。股票市场是天堂，也是地狱。而如何选择取舍，最终的财富命运如何，就要看你自己的修为、选择、努力与造化了。

道正，就不怕路远

对于李录这个名字，早在几年前我读关于芒格的书《穷查理宝典》时就留下了深刻的印象，这本书的序言《书中自有黄金屋》就是他写的。这篇序言重点介绍了芒格的投资思想、投资智慧，特别是对芒格的道德修养十分推崇，评价芒格先生的这种道德修养，与中国自古以来士大夫所倡导的"正心、修身、齐家、治国、平天下"的文化思想十分契合。我曾经反复阅读这本书，认为是价值投资者的必读书，特别是序言中提出的"商才士魂"思想一直对我的投资起着相当大的"励志"作用。但是李录究竟是何许人也，我一直未知。

直到看到李录将他在北京大学光华管理学院的演讲文稿《价值投资在中国的展望》[①]在博客上分享出来，我才知道李录先生，原来是美国喜马拉雅资本创始人，是查理·芒格家族资产的主要管理者。

如果说李录先生的那篇序言给了我相当大的"励志"作用，那么这篇演讲文稿，则是让我脑洞大开，进而对长期价值投资的根本逻辑有了更为深刻的感悟与理解，甚至可以说，有些是从未有过的震撼！

这篇演讲文稿，从哪些方面给我以深刻的启示，甚至是从未有过的震撼呢？

站在人类文明进化的历史制高点，探寻价值投资、长期投资的根本逻辑

人类从哪里来，现正处在何处，将来要向哪里去。对于这个"大问题"，我们人类从未停下探索的脚步。好在，随着现代科技的不断发展，今天一些现代化的手段为我们揭开人类进化与发展的种种迷雾提供了可能。

---

① 资料来源：李录．文明、现代化、价值投资与中国 [M]．北京：中信出版集团，2020．

李录在这篇文稿中说，如果把时间跨度拉大，比如回归到人类的采集狩猎时代、农耕时代、农业文明时代，这个时候人类整体的GDP增长是多少呢？美国斯坦福大学一位全才教授莫瑞斯带领团队在过去十几年里，通过现代化科技手段，对人类过去上万年历史里攫取和使用的能量进行了基本的计量。从他们的研究结果看，在过去16 000多年里，人类社会的基本GDP，无论是西方还是东方，不能说没有发展，但是非常缓慢，而且经常呈现出波浪式的发展，有时候会到达顶端，但是总有一个"玻璃顶"突破不了，它冲顶之后就会滑落，但是到了近代，在过去的300年间，突然间人类文明呈现了一个完全不同的状态，出现了一个巨幅增长。

李录将人类文明的进化史分成三大部分：

第一部分是更早的狩猎时代，始于15万年以前真正意义的人类出现以后，我叫它1.0文明。人类文明在相当长的时间里基本和其他动物差别不大，其巨大的变化发生在公元前9000年左右，农业和畜牧业最早在两河流域出现，同样的变化在五六千年前中国的黄河出现，带来人类文明第二次伟大的跃升。这时，我们GDP的能力已经相当强，相对于狩猎时代，我叫它2.0文明，也就是农业和畜牧业文明。这个文明状态持续了几千年，一直到1750年左右，增长曲线基本来说是平的。在此以后，突然出现了GDP以稳定的速度每年都在增长的情况，以至于到今天我们认为GDP不增长都是一件很大的事情。这是一个非常现代的现象，可能也已经根深蒂固到每个人的心里。要理解这个现象，也就是现代化，我就姑且称之为3.0文明。

这样的划分，能够让我们更加清楚地理解 3.0 文明的本质是什么。整个经济出现了持续性的、累进性的、长期复利性的增长和发展，这是 3.0 文明的最大特点。出现了现代金融产品的可投资价值，这时才有可能讨论资产配置、股票和现金。当这个前提没有的时候，这些讨论都没有意义。因此，要想了解投资、了解财富增长，一定要明白财富创造的根源在哪里。最主要的根源就是人类文明在过去两百年里 GDP 持续累进性的增长。那么 3.0 文明的本质是什么呢？就是在这个时期，由于种种原因，出现了现代科技和市场经济，这两者的结合形成了我们看到的 3.0 文明。

在这个人类 3.0 文明的大背景下，李录分析了美国 1801—2011 年 200 多年大类资产的增值情况，实则是《股市长线法宝》的作者西格尔教授的分析：

- 股票：1 元的股票，即使除掉通胀因素，在过去两百年里仍然升值了 100 万倍，今天它的价值是 103 万元。它的零头都大于其他大类资产。这样惊人的结果实际上具体到每一年的增长，除去通胀的影响，年化收益率只有 6.7%。这就是复利的力量。爱因斯坦把复利称为世界第八大奇迹是有道理的。
- 现金：1 元的现金丢掉了 95% 的价值。

为什么被大家认为最保险的现金，反而在 200 年里丢失了 95% 的价值，而被大家认为风险最大的资产股票则升值了 100 万倍（指扣除通胀之后的增值）？为什么现金和股票的收益表现在 200 年里出现了这么巨大的差距？造成这个现象有以下两个原因。

一个原因是通胀。通胀在美国过去 200 年里，平均年化是 1.4% 左右。如果通胀每年以 1.4% 的速度增长，你的购买力每年在以 1.4% 的速度降低。经过 200 年之后，1 元钱就变成 5 分钱，丢失了 95%，现金的价值几乎消失了。从纯粹的数学角度，这很好理解。

另外一个原因是 GDP 增长。GDP 在过去 200 年里大约增长了 33 000 多倍，扣除通胀后年化大约是 3%。股票实际上是代表市场里规模以上的企业（公司），GDP 的增长很大意义上是由这些公司财务报表上销售额的增长来决定的。一般来说，公司里有一些成本，但属于相对固定的成本，不像销售额增长这么大。于是净利润的增长就会超过销售额的增长。当销售额以 4%、5% 的名义速度增长时，净利润会以差不多 6%、7% 的速度增长，公司本身创造现金的价值也会以同样的速度增长。

过去 200 年股票的平均市盈率在 15 倍左右，那么每股现金的收益率就是 15 的倒数（1/15），差不多是 6.7%，体现了利润率对于市值估值的反映。因此股票价格也以 6%~7% 的速度增长，最后的结果是差不多 200 年里增长了 100 万倍。

李录的这篇演讲文稿，主要讲的是美国经济和股市出现的这种持续增长、上涨的现象，那么同样在这个 3.0 文明的大背景下，其他国家的情况又怎么样呢？

我查阅了一下英国、德国、法国、日本、韩国、新西兰、澳大利亚、加拿大、印度、印度尼西亚、菲律宾、瑞士、马来西亚、新加坡、巴西等国的股市长期股指走势情况，同样也不难直观地得出结论：在这个 3.0 文明的大背景下，这种股市长期持续螺旋向上的现象是共有的，并非仅仅是美国独有的现象。

在人类 3.0 文明背景下审视中国的股票市场，价值投资、长期投资有了更为清晰的逻辑

前文以深证成指、沪深 300 指数为例，我简略分析了中国股市的长期投资逻辑，然而对照李录的这篇讲稿，显然我的这种分析还是十分表面、粗浅的。就像摄影艺术一样，如果将一张图片的取材放在一个更为广阔的背景上，自然审视的视野是不同的。如果我们将中国股市同样放在人类 3.0 文明的大背景下去审视，就更容易看得清晰了。

李录指出：

我们需要去研究一下 3.0 文明的本质、铁律是什么。3.0 文明之所以会持续、长期、不断地产生累进式的经济增长，根本的原因在于自由交换产生附加价值。而加了科技文明后，这种附加价值的产生出现了加速，成为一个加速器。参与交换的人、个体越多，国家越多，它产生的附加价值就越大。这最早是亚当·斯密的洞见，李嘉图把这种洞见延伸到国家与国家、市场与市场之间的交换，就奠定了现代自由贸易的基础。这种理论产生的一个很自然的结论就是不同的市场之间，如果有独立的市场、有竞争，你会发现那些参与人越多、越大的市场就越有规模优势。因为有规模优势，它就会慢慢地在竞争过程中取代那些单独的交易市场。也就是说，最大的市场会成为唯一的市场。

当然，李录对于人类文明进化史的划分是否科学，可以仁者见仁，智者见智，甚至每位投资者都可以在学术范围内进行不同的探讨与解读。但是有一点是不可置疑的，这就是中国经过 40 余年的改革开放，已经成功找到了一条中国特色社会主义市场经济道路。中国已经成为世界第二大经济体。我们有理由相信，就像 19 世纪英国的崛起、20 世纪美国的崛起一样，随着中国在 21 世纪的崛起，一批具有中国创造、中国智造特色的企业，一批带有中国特色、中国文化、中国味道的优秀企业也必将强势崛起。如果做一下数据回溯，中国股市过去 30 余年已经有一批上市公司给投资者带来了几十倍、几百倍的收益。我相信过去是这样，将来也必然是这样，而且会更好。

价值投资者是乐观主义者。巴菲特在谈到自己的投资之时，曾不止一次地说，他是中了卵巢彩票，庆幸生在美国。是的，作为投资者，我们也同样应该庆幸生在伟大的中国。这也是我们坚持投资中国、做多中国的最根本的逻辑。

坚持走投资的大道、正道，而大道、正道就是坚持长期价值投资

在今天的 A 股，谈论价值投资有时是个很不得人心的事情，有点"灰溜溜"，甚至还常常在公开的网络平台上遭人讥笑。在不少局外人看来，我们做股票投资这一行更像做了个不太正当、见不得人的行当。

李录介绍说，在美国成熟的市场做价值投资的人也不过 5%，那么，在中国股票市场又会占多大的比例呢？不得而知，

但是我相信这个比例一定不会太高，所以遭人讥笑，或者不被多数人理解也是十分正常的。

李录说：

在过去这几十年里，在我所了解的范围内，投资领域各种各样的做法都有。就我能够观察到的，就我能够用数据统计来说话的，真正能够在长期可靠、安全地给投资者带来优秀回报的投资理念、投资方法的只有一个，就是价值投资。如果必须用长期的业绩来说明，我发现真正能够有长期业绩的人少之又少。而所有真正获得长期业绩的人几乎都是这样的投资者。

此外，我认为价值投资不仅在中国可以被应用，甚至在目前不成熟的阶段价值投资者在中国还具备更多的优势。这个原因主要是，今天中国资本市场70%的参与者仍然是散户，仍然以短期交易为主，包括机构，也仍然以短期交易为主要目的。价格常常会大规模背离内在价值，也会产生非常独特的投资机会。如果你能不被短期交易所左右、所迷惑，真正坚持长期的价值投资，那么你的竞争者会更少，成功的概率会更高。

我对李录的这个判断十分赞同。在中国这样波动大、投机炒作成分大的股票市场，市场的非理性时间有时很长，市场犯错的机会也就更多，因而，取得超预期的长期业绩反倒不是那么难以企及的事情。

价值投资的理念是十分简单的。李录说，关于价值投资，记住4个概念就行：买部分股权、利用市场、安全边际、能力圈。前三者是格雷厄姆提出的，后一个是巴菲特提出的。

李录说：

价值投资的理念，不仅讲起来很简单、很清晰，而且是一条大道、正道。正道就是可持续的东西。什么东西可持续？可持续的东西都具有一个共同的特点，就是你得到的东西在别人看来，在所有人看来，都是你应得的东西，这就可持续了。如果把你自己赚钱的方法毫无保留地公布于众时，大家都觉得你是一个骗子，那这个方法肯定不可持续。如果把赚钱的方法一点一滴毫无保留告诉所有人，大家都觉得你这个赚钱的方法真对、真好，我佩服，这就是可持续的，这就叫大道、正道。

是的，今天我们有国外成熟市场200多年发展历史的经验、教训可资借鉴，那些坚持走正道、大道的投资大师，以及很多知名的投资者，他们把自己的投资哲学、投资理念、投资经验也都毫无保留地写在了书上，他们的投资思想完全可以成为我们认识商业世界、认识股市、认识人性的强大的思想武器，我们只要认真学习与实践，假以时日，摸索出一套自己的成功投资体系，进而踏上成功之途也是完全有可能的。而且更为重要的是，在这条大道、正道上，一点也不拥挤！

诚然，"宝剑锋从磨砺出，梅花香自苦寒来"，正像不可能有天上掉馅饼的好事发生，人生在世哪有不经过一番努力就能走向成功的事情呢？道正，就不怕远，这才是坚持长期价值投资必须端正的思想态度。

错失，是一种更大的机会成本

股票市场上流行着一句话：宁可错过不可做错，这话大抵是对的。因为，在股票市场上谁也不能保证自己不犯错，如果事后证明多亏自己没有"下手"而规避了一个巨大的错误，那就会十分庆幸当初的聪明选择。

但是有些话需要细琢磨、深琢磨。《诗经》不就告诉我们做事情要"如切如磋，如琢如磨"吗，如果"使劲"琢磨一下，这句话有时还真得打点折扣。如果自己始终"不思悔改"，总是持续不断地犯下"过失的错误"呢？

投资有时需要不断品读"宝典"。当我重新品读《穷查理宝典》时，突然有了一种新的认识与顿悟。芒格在谈到"错误"时说：

伯克希尔-哈撒韦历史上最严重的错误是坐失良机的错误。我们看到了许多好机会，却没有采取行动。这些是巨大的错误——我们为此损失了几十亿美元。到现在还在不断犯这样的错误。我们正在改善这个缺陷，但还没有完全摆脱它。

这样的错误可以分为两类：一类是，什么也不做，巴菲特称之为"吸吸我的大拇指"；另一类是，有些股票本来应该买很多，但只买了一点儿。

在差点儿犯下没有购买喜诗糖果的大错之后（如果喜诗糖果当时再多要10万美元，巴菲特说再多要1万美元，我们就会走开——我们那时是那么蠢），我们又犯了很多次相同的错误。很显然，我们吸取教训很慢。这些机会成本并没有反映在财务报表上，但让我们失去了几十亿美元。

由于坐失良机的错误（是无形的），绝大多数人并不会注意它们。我们会主动说出我们犯下哪些坐失良机的错误——就像我们刚才所做的那样[①]。

"使劲"琢磨一下，投资大师说的在理儿不在理儿呢？应该说真的是在理儿，完全在理儿！

回顾我们的现实人生，在重要的十字路口如何做出选择，确实关系着自己一生的命运。比如，很多上年纪的人回忆过往，常会感叹当初在面临重大机遇时，如果一脚迈出去，或许后来的人生就会是另一番风景了。想想看，如果马云当初不辞职下海，仍然舒舒服服地当英语老师，还会有今天的马云和阿里巴巴吗？如果董明珠当初不南下珠海打工，还会有后来的格力电器董事长董明珠吗？这些企业家的故事告诉我们，在人生重大选择的关口如何决策，对于整个人生太重要了，这一点，估计是没有人会有异议的。

但是在股票市场呢？人们似乎就容易忘记这一点，因为股票市场上的机会貌似很多，甚至差不多天天有机会让我们选择。正是由于机会"较多"，就容易让人们不知珍惜，恰如芒格所说的，"由于坐失良机的错误（是无形的），绝大多数人并不会注意到它们"。

以我本人为例，回想起我投资的早期，曾有 8 年左右的时

[①] 这里说的是，芒格和巴菲特因为沃尔玛的股价上涨了一点儿而没有买进，结果犯下了少赚 100 亿美元的错误。

间研究K线图，搞所谓的技术投资，然而终究是碌碌无为，白白耽误了多年的大好时光，回想起这一点，我内心就总是"悔不该"，嫌自己老得太快、聪明得太迟。其中有一个刻骨铭心的例子，就是在2001—2005年那5年漫漫熊市之中，股价跌得我"肉疼"，实在熬不下去了，就将持有的广州药业（后来的白云山）割肉了，记忆中是2004年7月27日，现在再看，当时卖出价为5.13元/股，而截至2024年年底收盘价为43.42元/股（后复权），20年的时间上涨746.39%，如果长期持有，年复合收益率达11.27%。而且白云山这家公司，其长期收益率在整个A股市场，还算是比较平庸的。但这个例子带给我的"刺激"和启迪是很大的，也让我一直记忆犹新。

我们每名投资者，是不是都可以列举出一些这样让自己"悔不该"的例子呢？我相信，一定会的。

巴菲特有个著名的"卡片打洞"理论，这是他在1992年的股东大会上向股东提出的。

在与商学院的学生交谈时，我总是说，当他们离开学校后，可以做一张印有20个圆圈的卡片。每当他们做出一个投资决策，就在上面打一个洞。那些打洞较少的人将会变得富有。原因在于，如果你为大的想法而节省的话，你永远不会打光所有的20个洞。[1]

巴菲特的"卡片打洞"理论告诉我们，既然我们入了股票

---

[1] 资料来源：任俊杰，朱晓芸. 奥马哈之雾 [M]. 北京：机械工业出版社，2010.

投资这一行，就应当善于从改变自己人生财富命运的高度去考虑、去决策，不然，若干年过后，如果发现自己仍然是在平庸地踏步，仍然是在股市之中频繁进进出出，这种人生的机会成本真是太高了！

逝者不可追，来者犹可待。与其这样蹉跎岁月，何不尝试着让自己改变一下呢？

《奥马哈之雾》的作者之一任俊杰先生，曾发表一篇帖子，对我们的投资颇有启发，抄录于此：

荒岛社区之岛民招募

荒岛居民将常年接受一项自我挑战：如果被迫滞留在一荒岛上10年，我会持有什么股票？

一、岛民条件（对个人特质的自我检视）

1. 不够聪明：自认智商处于一般水平；
2. 不够贪心：长期目标收益率大致在12%；
3. 不够专注：工作繁忙，没有太多时间关注股市；
4. 不够勤奋：生活较为丰富，不想把太多的时间留给股市。

二、其他条件

1. 有一定的投资素养并信奉买入并持有的操作策略；
2. 荒岛股票市值在可投资金融资产中的占比不低于50%。

三、荒岛股票（个人建议）

1. 走出去：产品有广阔的市场空间；
2. 走进去：公司在各主要竞争要素上具有优势；
3. 走下去：公司在关键竞争要素上具有可识别的核心能力；
4. 走上去：公司具有价值创新能力，或已经或正在或有望开辟蓝海事业。

入选公司应最少符合上述标准中的两个（你也可以自定或增加标准，但需有足够的说服力）。

四、想干点啥

1. 让炒股炒成股东的人有地方聚一聚；
2. 过滤话题，少聊些与此无关的东西；
3. 快乐投资并大幅度降低股票换手率。

哈哈，这篇帖子太有意思，太值得玩味啦，幽默、诙谐之中透着投资的大智慧！

其实无论是巴菲特的"卡片打洞"理论，还是这篇帖子的"荒岛挑战论"，所表达的意思是相同的。假如你真的成了"荒岛岛民"又会做什么投资选择呢？

要善于将自己的投资理论化

有人说，贵州茅台（简称"茅台"）是一家傻瓜也能经营的公司，这句话分明是受了巴菲特"要买傻瓜也能够经营的公司"的观点影响，但巴菲特的本意是强调投资于一家公司要考察其商业模式是否优秀的极端重要性，并不否定对管理层的考察。看一下巴菲特的投资史，特别是到他投资的中后期，他对管理层，特别是"一把手"的品行与能力是更为看重的。近来，我阅读了有关茅台的发展史料和书籍，更是强化了对这个方面的认识。

今天我们看到的茅台，因其特殊的地理位置与自然环境，也因其千百年流传下来的特殊的酿酒工艺而更具有稀缺性和不可复制性。然而，如果我们对茅台的发展史略做一点考察，它今天的这种"稀缺性""不可复制性"，也是有着其历史渊源的。说到这一点，首先是离不开被称为"茅台教父"的季克良。

季克良先生与夫人徐英是1964年被分配到茅台酒厂的，当时的茅台酒虽然也声名远播，但那时不仅产量低（当时实际年产量220吨，亏损84万元），而且质量也不稳定，更多的是依靠"师带徒"的传承，现代科技的技术含量更是谈不上有多少。进厂报到后，季克良被分配到车间，与工人师傅一同劳动，在感受到茅台酒酿造技艺的博大精深后，他对夫人说，先学10年，10年后我们才可能有发言权。

季克良花了三年时间与工人师傅一起劳动，从投料、背酒糟、上甑开始，一步一步学习茅台酒酿造的基本工艺。用他的话说是"背酒糟时因重心不稳常常摔下窖池，烤酒时常累得晕过去"，直到把茅台的每一个传统工艺细节都融入自己的血液。经过漫长的学习、研究，到了20世纪80年代，他才总结出被世人广泛认知的茅台酒酿造工艺"十大特点"。20世纪90年代中期，茅台酒厂以季克良的科研成果为基础制定了一系列生产技术指导，使茅台酒的酿造工艺更加科学、合理、规范。此时，茅台酒在酿造工艺上才进入一个全新的阶段，改变过去那种"传徒不传子"的技术传承方式，被以理论化的形式固定下来。从此，茅台酒的酿造由必然王国进入自由王国，开启一个全新的时代。正因为此，季克良被看作第一个用科学理论解读茅台的人，成为茅台发展史上一个里程碑式的人物。

当然，茅台酒辉煌的历史功劳也不仅仅是季克良一人"独享"，在茅台酒发展史上，还有一批值得大书特书的宗师级人物，如季克良的师傅李兴发酒师（他发现了茅台酒窖底香、醇甜香、酱香"三种典型体"）、李兴发的师傅郑义兴酒师等。但是季克良与他们不同的是，他是第一个被分配到厂子里的大学生，被视为厂子里的"文化人"，他与师傅们最大的不同（上辈师傅多有丰富的实践经验，但因为时代的原因文化水平不高），就是他不仅具有实践技能，更具有理论上的升华与创造能力。工匠与大师之间的差别，常常体现在这里。

由此，我联想到我们的股市投资（其实人生事业的很多领域也是如此）。今天的投资者，应该说是十分幸运的，因为我们有格雷厄姆、费雪、巴菲特、芒格等投资大师的投资思想作为指导，国内一些知名投资者也多著书立说，出版了一些质量很高的投资书籍。有人说，投资的大道都已经写在书里了，此话不假，但是仅仅依靠熟读熟记这些投资的大道，我们就能够做好投资吗？显然还不能够，更为重要的是，我们要以这些投资大师的思想为指导，投身到具体的投资实践中去。而这个实践过程，可能又是长期的、曲折的、反复的，甚至是痛苦的"蜕变"过程。

然而，仅仅依靠这种具体的投资实践，就能够走向成功的坦途吗？同样还不能完全保证，其间很为重要的一点，就是我们要善于将自己的这种具体投资实践上升到一种理论化的高度，进而让我们的投资系统以一种"理论化"的形式固化下来，如是，我们的成功才最可能具有可持续性、可复制性、可累积性（而不仅仅是依靠一时的运气抓住一两只大牛股），唯有此时，我们的投资才可能真正由必然王国进入自由王国。如果说，投资的成功还有什么秘诀，这当是其中之一。

其实，我们观察国内外的投资成功人士，他们几乎无一例外地具有这种特点，即他们多善于将自己的投资实践逻辑化、理论化，从理论到实践，再从实践到理论，如此循环反复，并与时俱进，进而使自己的投资不断达到一个新的高度。

那么，我们的这种投资理论，或者叫投资系统应该包括哪些内容呢？

当然每个人可以根据自己的实际有所不同，但总体而言，应该包括思想系统（投资的价值观与方法论）、选股系统、估值系统、持有系统等内容，并且这个系统还要永远处于开放中，即不断地吸收、进化。

其中更为重要的是，我们不仅要建立起这样一个投资理论系统，而且还要让这个系统"管用"，即在关键时刻要"管住"自己，防止自己因为一时的情绪冲动而做出盲目的决策，比如，股价大跌时"吓"得卖出的愚蠢决策，上涨一些时"乐"得卖出的糊涂决策等。所谓的知行合一，正是如此。

当然，建立起较为完善的投资理论系统并不容易（至少要经历一个牛熊市转换），而若让这套投资理论系统"管住"自己会更加不容易，因为我们每个人身上，都或多或少地带有我们人类在进化中形成的一些人性弱点。比如，仅仅是"短期损失厌恶"，就足以将很多投资者在至暗时刻击倒。

这里还要说明一下，即我们的投资理论系统再完善，也难以避免在股市低迷期承受较大回撤的痛苦，实际上，我们建立的这个投资理论系统，本身就应该包含对较大回撤的坦然接受。

以卖出系统为例，再做一点说明。比如，我们的卖出系统从根本上讲可以有以下三条。

- ➡ 基本面发生了根本的变化，即投资的根本逻辑发生了变化。
- ➡ 股价太疯狂了，严重透支了公司未来 5 年或更长时间的发展（自己可以设置一个卖出的天花板价格，如果是极少数的非卖品、收藏品就不必了）。
- ➡ 找到了更好的标的。

那么，当股市出现系统性下跌（如果股价疯狂上涨倒好办了，可以按上述条件卖出），自己所持公司的股价也跟随着大幅度下跌之时，触发我们的卖出系统了吗？如果回答没有，我们就完全可以不去管它，因为投资理论系统告诉我们，波动根本就不是风险，哪怕是 50% 以上的波动也不是风险，因为真正的风险是本金的永久性损失与收益不足。除此之外，还有什么风险吗？回答是没有了。既然没有了，我们就完全可以夜夜安然入睡，该干啥就干啥去，如此也就将自己的投资持有变得很"简单"了。

如实说，以上就是我多年来保持长期持股淡定心态的来源所在。当然，可能有投资者会说，道理是这个道理，可是关键时刻就是做不到怎么办呢？自然，做到这一点，确实是有着相当的难度的。然而，既然我们已经立志做长期价值投资，就应该从主观上去努力跨越这个难度，其实经验告诉我们，我们只需要跨过去一次就够了。

这里，不妨再兜售我的一个"笨办法"，即将投资理论系统中的这些"条条框框"写下来，每当自己心神不定之时，便去对照这些"条条框框"，并让这些"条条框框"去机械地"管住"自己。这表面看来是一个笨办法，有时也是一个很灵验的办法呢。

为什么价值投资总是被嘲笑

价值投资作为投资界的一个"小物种",屡屡被市场上的人们所嘲笑,特别是股市处于熊市时,更容易被人们拿出来"鞭尸三百",如果不这样做,似乎不足以解除他们的心中之恨。原因何在呢?我分析大致有以下三点。

价值投资本身就是多元的

自20世纪30年代,由格雷厄姆开创的价值投资横空出世以来,经过不断的繁衍生息,在价值投资这个家族里面,也衍化出多元化的投资流派、投资风格。比如,有格雷厄姆派,有费雪派,有巴菲特、芒格派,等等,它们虽然同属一个家族,但在方法论上有着一些差异。比如,有的是理性地追求股权资产之间的差价,并将其作为收益最大化的手段,并乐此不疲地换取不同的投资标的;有的则从内心将公司视为自己家生意的一部分,进行长期持有,甚至是想一辈子持有。可以说,这些做法多属于"术"上的不同,但是由于理解上的不同,以及投资标的不同,进而会出现个性化的理解与操作行为。这本属正常,然而在这个家族内部却常有争论,甚至互有攻讦,更何况在这个家族之外呢?

这里还是举例说明,前几年有这样的茅台投资者,在股价为100元/股、200元/股时买入,然后在股价达到700元/股、800元/股时卖出,他们是不是价值投资呢?当然,不能否认他们是做价值投资,因为按照他们的估值的"锚",那时的茅台股价被"高估"了。

但是，有这样一位投资者"ZZ贵州茅台价值投资之道"（网名），即在茅台上市的早期，以32元/股的价格全仓买入，然后一直持有至今天。当然，其中是经受住了几次大的"磨难"：一是买入后即下跌50%左右；二是2007年市盈率高达100多倍之时也没有卖出，反而是分红后继续买入，然后是经历60%以上的下跌；三是2012—2013年，2021—2024年，股价又经历了几次50%左右的下跌。无论是大跌，还是一时高估，他就是坚定地长期持有，这种不离不弃，是不是价值投资呢？

如果按一般价值投资的标准来衡量，在2007年市盈率高达100多倍时，应该是要卖出的，至少不应该再买入，再买入显然称不上"价值投资"，因为当时的股价已经不具备安全边际了。但是这位投资者就是如此这般地长期"拴"在茅台这一家企业上，早已实现了财务自由，而那些在市场上"跑来跑去"的价值投资者，这些年又有多少人能够胜过其收益呢？

后复权计算：茅台2001年8月27日上市开盘价为34.51元/股，至2024年年底收盘价为8 837.58元/股（前复权的收盘价为1 524元/股），23年多的时间上涨255倍，年复合收益率为27.27%。

请问：市场上究竟有多少价值投资者能够超过这位投资者的收益呢？回答是显而易见的，绝大多数人不可能。

当然，由于A股市场一向波动巨大等不成熟原因，反而为真正的价值投资者带来超额收益，如我近些年接触的一些价值投资者，他们近10年年复合收益率可以达到20%以上，但放到整个市场上看，这一定是少数投资者；如果再放长时间周期看，长期保持这个收益水平的更会是极少数投资者。

当然，可能有人会说，这个例子不过是幸存者偏差。

但是，我并不这样认为，我反而从这位投资者身上，从茅台这样的中国好资产身上，看到了另外一种价值投资者的身影。相较于人家，我们不过是始终没有"明白"过来而已！

综上所述，100元/股、200元/股买入茅台，然后700元/股、800元/股卖出，不能否认是价值投资；而那位一直不离不弃的投资者，也是价值投资，而且从某种程度上说，是更"牛"的价值投资，是绝大多数投资者悟不透、做不到的价值投资，只不过，这种类型的投资者更像是这个"小物种"中的"稀有物种"罢了！

价值投资者常常容易被"闷"在市场之中

与趋势投资者的快速撤离不同（哪怕他们最后是缺胳膊少腿地撤离），价值投资者常常显得有些"木讷"，因为他们总是号称做企业的分析师，不做市场的分析师，所以，如果不是巨大的市场泡沫，长期价值投资者往往是不离场的。比如，2023—2024年"9·24"行情逆转之前的这轮熊市，很多价值投资者就被"闷"在市场里，而那些已经跑出去，甚至"伤掉"胳膊、"伤掉"腿而跑出去的趋势投资者，自然不免就要对价值投资者嘲笑一番。

比如，我印象极深的一件事儿就是，茅台股价向下调整之时，一位网友对"套"在茅台里的投资者，曾如此点评：这些价值投资者被"闷"在里面，就好像那些螃蟹在锅里被煮熟了，还要比一比、看一看谁的壳子红。于是，网上一片点赞声！

所以，这些"木讷"的价值投资者，时不时地被那些聪明的趋势投资者嘲笑一下也不值得大惊小怪。

当然，拉长时间看，比如从一个人的整个投资生命周期来衡量，投资并不是比谁跑得快，反而是比谁活得更久，活得更稳健，活得更滋润。

当然，有充足的数据证明，这些"木讷"的价值投资者反而多能跑完投资"马拉松"的全程，并成为最后的微笑者。

一些投机者非要披上价值投资的外衣

其实投机也好，投资也罢，只要在股市里能够分得一杯羹，即可以视为胜利者，这也无关道德，无关名声。而且投机可能更契合我们贪婪、喜欢走捷径、喜欢不劳而获的本性，所以这个市场上永远有大量的投机者存在，否则，市场上若只剩下价值投资者，那可就真的是死水一潭了。

但不知为什么有很多投机者明明是在搞投机，却非要给自己披上一套"价值投资"的外衣，似乎不如此，不足以显示自己"漂亮"似的。是为名，或为利，还是为营销？不得而知。

当然，还有一种投机者，明明是搞投机，还自认为是在做"价值投资"，甚至声称要将巴菲特与索罗斯结合在一起。

当然，普通投资者最大的好处就在于，不争论，我们可以仰望星空，更重要的是埋头实干。而且投资的时间越长，越会感觉它事关金钱，又不完全事关金钱。特别是当它成为自己的一种投资方式、生活方式，并乐在其中的时候，其内心的淡定与从容更是不足与外人道也。

一如国内著名的投资者任俊杰先生所言，他多年来仅抱牢几棵大树（茅台等少数几家优秀上市公司），他称自己为"巴式"投资、快乐投资。

这境界，神往也！

给新入市股民的"冷建议"

2024年"9·24"行情逆转之后，A股市场一度出现了多少年不见的奇观，连续几日场外广大的股民群众又纷纷跑步进场。天下苦"熊"久矣，过去几年，A股确实把广大股民折磨得不成样子。随着国家重磅政策的出台，股票市场逐步走牛可期，场外不少人加入，总体而言这是件大好事。然而，我作为一个在股市里浸润了25年的老股民，还有几句掏心窝子的话是想说给新股民听的。当然，如果你有幸成为本书的读者，我相信你会从我这个老股民的话中得到一些"真经"，所以，在此我先祝福你。

不过，我的建议是"冷建议"，有些话并不是那么中听，就凑合着听吧。

第一，我作为一名老股民，热烈欢迎你的加入，毕竟我们又多了一个"同一战壕的战友"，同时，也祝贺你的投资意识觉醒，虽然进入股市开始投资仅仅是"万里长征的第一步"，但毕竟你的投资意识觉醒了，因为投资要趁早。

第二，中外股市的发展历史已经证明，长期而言，优秀企业股权资产是个人及家庭最值得配置的金融资产，我也一直"鼓吹"这个观点，对新进入的你来讲这个观点可能有些"深奥"，但我真诚地建议你投入股市的资金量一定要有限额，比如10万元、20万元、50万元或更多，这要根据你自己的实际情况而定，但前提是闲钱，是不影响你个人或家庭正常生活的闲钱。

在有资金量限额的前提下，你就任意折腾吧，当你最终亏到只剩下约一半本金的时候，那么恭喜你，你可能就站在走向成功未来的十字路口了！

我说这话是不是有点"损"？或许有点，但我一直这样认为，一位新股民进入股市，你给他10万元，当他赔得差不多只剩下5万元时，或许他就认清股市的真面目了。为什么这样说呢？因为这就是股市，而股市貌似一个很"温柔"的地方，它"温柔"得谁也可以进来，但它实则又是一个凶险的地方，只有你认识到它原来还有如此特点之时，你对股市的认识才比较全面。

所以，记住我的话：新入市时一定要有自己的资金量限额，这要作为一条铁的纪律来执行！

当然，我也清楚地知道，大多数新股民是不会听我这一条"冷建议"的，特别是在牛市亢奋状态下进来的股民，你可能突然发现原来在股市赚钱这么简单容易，甚至可以用"日进斗金"来形容！于是，你不免想入非非，甚至还会在自己的家人或朋友面前吹嘘。

当然，这些都不是主要的，主要是你一定会发现自己的本事原来这么大，于是乎就要不断地加大本金了，甚至有不少人还会大胆地加上杠杆！但是我告诉你，很多新股民实际上就是这样操作才赔钱的，是这样被"诱敌深入"的。所以，我真诚地建议你，从开始就一定要限制自己的本金，哪怕是每日赚钱的感觉竟然不像是真的，即有些梦幻的感觉之时，你也不要加大本金投入，更不要加杠杆。这是我的首条建议。

第三，如果将来有一天，果真如我这张"乌鸦嘴"所说的，你不幸真的在股市上赔钱了，那么此时你一定会认识到"学不足"，于是你就面临未来十字路口的选择了（假如你从此再也离不开股市，不被股市永远地淘汰出局）。

为什么说你又将面临着十字路口的选择呢？

因为简而言之，我们可以将股市所有的参与者"简单粗暴"地分为两类人：一类是技术派，即研究K线的投资者，那些数着K线做趋势投资的，或者数着波浪进行交易的，都可以归结到这一派；另一类是基本面分析派，这一派更注重对企业基本面进行分析，是从当股东、买生意的角度来进行投资的。当然，可能有人将上述两派结合在一起，进行所谓的"价值投机"，但是这种非驴非马的东西，我倒不认为是自成一派，因为我认为所谓的价值投机最终的结果还是投机，只不过是换个称呼而已。当然，我也不排除有少数的交易天才在股市上是赚大钱的，只是这种玩法可能对大多数普通人来讲并不适合，除非你不是普通人。

股市上流传着一句话：方向比勤奋重要。是的，道路与方向才最具有根本性。如果你选择了技术派，那下面的建议你也不用看了，因为你将从另一个方向上阔步前进，在此，也祝贺你投机顺利！

如果你选择了基本面分析派，那么我可以再多唠叨几句，因为，在这个派别里，大家有几个共同的老师，如格雷厄姆、费雪、巴菲特、芒格。当然，大师不仅仅这几位，他们只是其中最为优秀的代表。

为了称呼方便，也为了表示对巴菲特的尊敬，我认为可以将格雷厄姆、费雪、巴菲特、芒格的思想统称为巴菲特思想。那么，巴菲特思想对我们有什么用呢？

概括地讲，可以为我们解决三个重大问题，或者可以称之为我们的三大思想武器，即巴菲特思想是我们认识股市发展规律的思想武器，是我们认识人性的思想武器，是我们认识商业本质的思想武器。有这三大思想武器在手，就等于掌握了"三大法宝"，我们在风云变幻的股市中才好长期生存下去，而且有极大可能会生活得更好一些，甚至会成就你未来财务健康、财务自由的梦想。

所以，如果你最终认同这一派，那么你一定又掉进"坑"里了，因为从此你会不断地进行阅读与学习，而且会进入一种欲罢不能的状态，当然，你还有极大可能最终会进入一种"飘逸春秋"的状态。

那么，此时我真诚地恭喜你，你终于掉进一个"黄金坑"了！

当然，我最真诚的建议是，在股市里面折腾后，最终还是掉进这个"黄金坑"为好，因为，这个"坑"虽然不保证你快速致富（注意，若想快速致富还是别来这里），但大概率会让你慢慢变富，因为你只要掌握了这样一种慢慢变富的投资系统，最终实现富裕就是一个自然而然、水到渠成的过程。

当然，现在与你谈这一点，似乎还很遥远。因为最终你会不会从这条道路上走下去，或多或少还需要一些"慧根"。

晚清学者王国维在《人间词话》里总结前人的诗句，提出了做学问、做事的三种境界：

"昨夜西风凋碧树，独上高楼，望尽天涯路。"此第一境也。

"衣带渐宽终不悔，为伊消得人憔悴。"此第二境也。

"众里寻他千百度，蓦然回首，那人却在，灯火阑珊处。"此第三境也。

就我个人的体会而言，股市投资就是这么一个曲折和有趣的过程。那么，我们是不是可以直接达到第三境界呢？我的体会是不经过第一境界和第二境界不行，而且这个过程可能需要若干年时间，比如十年，或者更长的时间。

当然我这样说，你也别灰心，如果你有些"慧根"再加努力，这个时间会大大缩短，而且过往有很多年轻的成功大 V 就是实证。

话说到此，我又想起当代作家艾苓的散文诗《非走不可的弯路》：

在青春的路口，曾经有那么一条小路若隐若现，召唤着我！

母亲拦住我："那条路走不得。"

我不信。

"我就是从那条路上走过来的。你为什么不信？"

"既然你能从那条路上走过来，我为什么不能？"

"我不想你走弯路。"

"但是我喜欢，而且我不怕。"

母亲心疼地看我很久，然后叹口气说：

"好吧，你这个倔强的孩子，那条路很难走。一路小心！"

上路后，我发现母亲并没有骗我，那的确是条弯路，我碰壁，摔跟头，有时碰得头破血流，但我不停地走，终于走过来了！

坐下来喘息的时候，我看见一个朋友，自然很年轻，正站在我当年的路口，我忍不住喊：

"那条路走不得。"

她不信。

"我母亲就是从那条路上走过来的，我也是。"

"既然你们都可以从那条路上走过来，我为什么不能？"

"我不想你走同样的弯路。"

"但是我喜欢。"

我看了看她，看了看自己，然后笑了："一路小心。"

我很感激她，她让我发现自己已经不再年轻，已经开始扮演"过来人"的角色，同时患有"过来人"常患的"拦路癖"。

在人生的路上，有一条每个人都非走不可的路，那就是年轻时的弯路。不摔跟头，不碰壁，不碰个头破血流，怎能炼出钢筋铁骨，怎能长大呢？

呵呵，看来我本人也年纪大了（放心，与巴菲特老先生比起来，我还是个年轻人），是不是也患上了这种"拦路癖"呢？！

股票投资究竟是赚谁的钱

我们在股票市场上究竟是立足于赚优秀企业成长的钱，还是立足于赚市场先生的钱，这是投资中一个重要的理论问题。厘清这一重要理论问题，才是区分一个人究竟是投资还是投机的重要标志。

从投资的角度讲，我们的出发点和落脚点应该是赚优秀企业成长的钱，当然对市场先生的"奖赏"（出现严重的定价错误）也不排斥，但是归根结底，还是要赚立足于企业成长的钱，因为估值的回升往往是一次性的，从长期来讲，我们投资于一家企业的最终的收益率，将无限接近于其长期净资产收益率[①]，而且时间越长，就越无限接近。当然，这个长期有时是10年、20年，甚至更长的时间。

然而，任何理论哪怕再正确，也需要我们到具体的投资实践中去检验，如此我们才更容易加深对理论观点的实际理解，进而化作自己投资实践上的行动指南。

这里，略举两例"检验"一下。

第一，贵州茅台。我之所以总是喜欢举这个"中国股王"说明问题，一是我已经把它当成非卖品、收藏品来长期持有了，二是它今天在市场上太令人"眼热"，可能更容易说明些问题。

2013年12月31日，其收盘价为624.79元/股（后复权，下同），到2021年2月18日股价创出历史新高至14 887.31元/股（前复权的股价突破2 600元/股，创下历史新高）。7年多的时间上涨22.83倍，按7年计算，年复合收益率达57.3%。如此爆发性的收益，令人目瞪口呆！

然而，它的净利润增长如何呢？

---

① 净资产收益率（Return on Equity，简写为ROE），是公司净利润与平均净资产的比，反映企业的盈利能力。——编者注

2013 年净利润为 153 亿元，2020 年净利润为 467 亿元，7 年的时间，净利润实现 2.05 倍的增长，年复合增长率为 17.28%。

一方面是股价上涨 22.83 倍，另一方面是净利润增长 2.05 倍，明眼人能够看得出来，茅台投资者在这 7 年中更多的是赚了市场先生奖赏的钱（市盈率从 2013 年的 10 多倍上涨至 70 多倍，大部分的收益是因估值提升赚来的）。

说明一下，之所以选取 2013 年这个时间段，是因为那正是茅台"王子遇难"的困难时期，毫无疑问，这给具有慧眼的投资者提供了历史上难得的投资机遇。

正如人们所看到的，茅台的股价于 2021 年 2 月创下历史新高之后，便开始向下调整。可以预期，不管以后茅台的股价上涨还是下跌，时间越长，茅台估值上升所带来的收益占比将会越来越小，最终更多的将是赚取其业绩增长的收益。

前面已经计算过，如果截取时间从茅台 2001 年 8 月 27 日上市开始，到 2024 年年底，年复合收益率为 27.27%。2001 年茅台净利润为 3.28 亿元，2023 年净利润为 747.3 亿元，22 年的时间净利润增长 226.84 倍，净利润年复合增长率为 27.99%。可见，时间越长，投资收益与公司业绩增长越趋向一致。

此外，茅台上市以来长期净资产收益率为 25%~30%，这也从另一个侧面证明，我们投资于一家企业的最终收益率，将无限接近于其长期净资产收益率水平这一股市"公理"。

第二，通策医疗。

2017 年年底，其股价为 77.88 元/股（后复权，下同），2021 年 6 月 25 日上涨至 1 012.94 元（当日，前复权的股价为

421.99 元/股，2023 年公司有送股和分红，前复权的股价降为 300.98 元/股）。三年半的时间，股价上涨 13 倍，是不是疯狂至极？

然而，它的净利润增长如何呢？

2017 年，通策医疗的净利润为 2.17 亿元，2020 年的净利润为 4.926 亿元，三年的时间净利润增长 1.27 倍，年复合增长率为 31.43%，可谓超高速增长了，然而股价的上涨速度远远大于净利润的增长速度，显然，投资者在这个时间段更多的是赚了市场先生疯狂奖赏的钱。

说明一下，截取 2017 年的数据，是因为通策医疗在 2017 年上半年因高价增发失败而广受市场诟病，股价从历史高点 48 元/股（前复权）下跌，形成"飞流直下三千尺"之势，给投资者提供了较大的安全边际。我的主账户当时平均买入成本在 26 元/股左右，随着股价的疯涨，我把大部分仓位换股茅台，当然我也没有卖到最高点，更没有想到它后来疯狂上涨至 421.99 元/股；女儿实盘账户（自 2015 年起，我给女儿建立了一个实盘账户，每笔交易均在网络上分享，本书悟道篇会有账户介绍）的买入成本也在 26 元/股左右，后来大部分也进行了换股操作，至今所剩股份的持有成本已为负成本。

2020—2021 年，由于茅台"一涨封神"，市场上各种"茅"纷纷涌现，当时通策医疗被称为"牙茅"，此外还有"眼茅"（爱尔眼科）、"酱油茅"（海天味业）、"医药茅"（恒瑞医药）等，有意思的是，万得资讯还编制了一个"茅指数"，到 2022 年年底有 42 只成分股，主要集中在消费、金融和科技制造领域。实际上，这些"茅"，和稍后出现的"宁组合"（因为宁德时代的带头上涨，而形成"宁组合"）助长了 A 股的泡沫。当时通策医疗的市盈率达到 252 倍（这还不是最疯狂的，如"茅指数"成分股爱美客的市盈率达到 336 倍，"宁组合"成分股中微公司、赣锋锂业的市盈率分别达到 663 倍、636 倍），其他各种"茅"也是"欲与天公试比高"，如爱尔眼科的市盈率达 217 倍、海天味业的市盈率达 109 倍、恒瑞医药的市盈率达 104 倍。

潮水退去后才知道谁在裸游。用后视镜看，当"茅指数"和"宁组合"这两个大泡沫破灭之后，三四年的时间，到 2024 年"9·24"行情逆转之前，它们中大多数股票的下跌幅度均在 70%~80%。看着后来被称为"牙茅"的通策医疗股价一波比一波走势更低的 K 线图（到 2024 年"9·24"行情逆转之前的低点，股价自高点已下跌 86%），我自己也不免惊出一身冷汗，很庆幸当时进行了择机卖出，否则，若一直持有不动，当时账面上大部分的浮盈也会被抹掉。至于以后随着公司业绩的增长，股价是不是还能够创出历史新高，这就需要更多的时间去酝酿。

投资贵在实事求是。面对 A 股过往很多投资品种上涨时可涨至天堂、下跌时可跌至地狱的这种调性，我们是不是可以将开头所说的"理论观点"稍做"修正"呢（这种"修正"是"术"上的修正）？我认为是可以的，比如，可以"修正"如下：

➡ 投资的立足点是赚优秀企业成长的钱，这是投资之基、投资之本。离开了这一点，我们的投资就是无源之水、无本之木了。

➡ 要善于利用市场定价错误的机会大胆地去赚取市场先生奖赏的钱，这种机会利用得好，更容易在短期内取得超额收益。

市场先生有时活脱脱就像是一个双相情感障碍患者，他兴奋起来有时疯狂至极，而沮丧起来又往往悲观至极，这反而给理性的投资者带来取得超额收益的机会。

进一步说，以上这两种钱我们都要理直气壮地去赚，特别是对于赚市场先生的钱更没有必要羞羞答答。或许一生中我们只要抓住少数几个这样的机会，就足以让自己富有了。

那么，这种赚取市场先生"快钱"的做法，是不是与我们倡导的慢慢变富的投资理念相违背呢？

回答是一点也不违背，因为我们的立足点是赚取企业成长的钱，但是重大机会来了（市场严重定价错误），更要敢于<u>重重下注</u>。这种"重重下注"就是要告诉我们自己，我们所追求的不是平庸的机会（平庸的机会也常常让我们不敢重重下注）。

当然，说到这里，可能有人会提出疑问，在上面列举的两个案例之中，我采取了两种截然相反的投资策略，一是对茅台这种"稀有品种"，自己把它当成了非卖品、收藏品，死心塌地去赚企业成长的钱，而对于通策医疗这种"仿茅"品种则进行择机卖出，其间又藏有什么玄机呢？其实，这就涉及一个人的投资理念与不同投资品种的不同持有策略了，这个话题将在持有篇展开讲解。

何来第一桶金

杨天南先生的译作《巴菲特的第一桶金》出版后，我立马下单，到手后几乎是一口气读完。一如杨天南先生以前的译作（《巴菲特之道》《巴菲特致股东的信》《戴维斯王朝》等），这本书的文字依然是华美中透着简洁、质朴，读起来令人感觉十分舒服与流畅。当我读完这本书，情不自禁地一遍一遍回看书中记载的22个投资案例，不断思考回味着巴菲特获得的第一桶金（他到48岁，用37年，22笔投资，赚得第一个1亿美元）的整个过程，有两个问题始终萦绕在心头：巴菲特走过的投资道路，我们普通人能够复制吗？巴菲特的投资思想，我们普通人能够学习吗？

对于第一个问题，我可以肯定地回答，巴菲特走过的投资道路，我们普通人是难以复制的。且不要说巴菲特出身的家庭背景，以及他早期就培养起来的赚钱天资，如15岁时他就能够拿出1 200美元买一个农场并因此大赚一笔。单就其实现赚钱的两个关键点，我觉得普通人已经望尘莫及。

第一个关键点，就是他从合伙公司之中掘得的第一桶金。1956年师从格雷厄姆两年之后的巴菲特，回到家乡成立了主要由亲朋好友组成的一家小型合伙公司，一共筹集了10.5万美元，其中巴菲特只投了100美元（此时巴菲特积累了14万~17.4万美元的财富，已经不需要再找工作了）。1956—1968年这段时间，巴菲特合伙公司实现了年复合收益率31.7%的业绩，至1969年合伙公司解散之时，他已经拥有了属于自己的2 650万美元的财富积累。

用杨天南先生的话说，1969年是巴菲特"资金超越主意"的分水岭，此时他向世人发出了一个响亮的声音："从现在起，我不再需要任何人的钱了！"如果将合伙公司也视为一种"财富杠杆"，巴菲特依靠自己的能力以极少的本金，掘得了人生的第一桶金。这一点，是我们普通人能做到的吗？回答自然是否定的。

这里还有一点需要说明，即巴菲特合伙公司的收费模式也令人称道。他认为，作为他的合伙人，如果投资收益不能超过安全借出资金获得的收益，就不应该收取管理费。所以，他约定如果某一年的收益率低于4%，这一年就不收费（这是在1956—1961年）。高于4%收益率的部分，巴菲特会得到分成。这种绩效费最初可以高达50%。从1961年开始，不收费门槛被重新设定为6%，超出的部分，绩效费为25%。巴菲特将投资目标设定为：每一个三年周期都跑赢道琼斯工业平均指数。他认为至少以3年为周期评判一个基金经理的水平，这样算才合理。

看到巴菲特的这种收费模式，再看看今天我们国内一些公募、私募机构的收费模式，我们不得不感叹，巴菲特就是巴菲特！实际上，1957—1968年，他的合伙人扣费后年复合收益率达到25.3%。想一想，在这个时间段里，他的合伙人确实也够幸福了！

第二个关键点，就是巴菲特在解散合伙公司之后，更专注于以伯克希尔-哈撒韦为平台，对一些企业进行收购，同时，也在二级市场上进行投资。其间，最为突出的一点，就是对于保险浮存金这一近乎免费的"财富杠杆"的运用，即依靠其强大的资本配置能力，使财富雪球越滚越大，缔造成每股高达68.09万美元，市值达9 788.91亿美元的伯克希尔-哈撒韦商业帝国（截至2024年年底，伯克希尔-哈撒韦A股）。以上这一关键点，是我们普通人能够学习到的吗？回答自然又是否定的。

但是，巴菲特的投资思想是我们普通人能够学习的吗？读了《巴菲特的第一桶金》，我更加坚信这一点：我们普通人是完全可以学习的。我不止一次地说过，今天我们有幸站在巨人的肩膀上，虽然所处国度不同，时代背景也有所差异，但是投资大师的思想可以穿越时空、穿越国界，为我们普通人所学习、所运用，甚至他们走过的弯路、犯过的错误也给我们以很大的启迪。

分析巴菲特的 22 个投资案例，在早期我们甚至根本看不到后来被称为"股神"的神圣光环。由于早期巴菲特深受格雷厄姆"捡烟蒂"思想的影响，他投资的一些公司甚至平淡无奇，根本没有我们今天津津乐道的行业赛道、消费独占、经济特许权等关键词。巴菲特早期的投资不仅会有错误，甚至他投资的伯克希尔-哈撒韦纺织公司，可以被称为一个"里程碑式的愚蠢"的决策。

巴菲特同样也错失一些大牛股，如 1966 年、1967 年他投资过迪士尼的股票，投资 400 万美元，获利 220 万美元，应该说当时看还很不错，但是 1967—1995 年，迪士尼的股票却上涨了 138 倍。巴菲特自嘲地说："（在 1966 年做出的）投资决策是英明无比的，但你们的董事长的愚蠢行为抵消了它所带来的良好成果（1967 年卖掉了）。"

这本书原作者难能可贵的一点，就是他在书中提出了一些"质疑"观点，比如，如果时光可以穿越，你会在 1970 年投资伯克希尔-哈撒韦吗？他说，实际上，如果让我穿越到 1970 年去分析伯克希尔-哈撒韦，我可能会得出这样的结论，尽管公司有一个了不起的"船长"，公司业务本身却相当平淡无奇，也没有显示出能长期维持高收益率的能力。确实，当时巴菲特商业帝国的构成仅有一家可怜的纺织公司、一家新收购的银行及其年长打算退休的行长、一家小型的保险公司。看到这些，或许你会认为巴菲特无论如何努力，伯克希尔-哈撒韦这艘船都无法走得太远。换句话说，考虑到伯克希尔-哈撒韦在1970年的平凡背景，巴菲特后期的伟大故事并不是注定会发生的，伯克希尔-哈撒韦也不是注定会成为辉煌的商业帝国的。在职业生涯的很多时候，巴菲特手中的工具并不锋利，材质也不佳，但他终于将它们融为一体，实现了凤凰涅槃。

是的，一个人的伟大都是从事后来看的，再波澜壮阔的历史画卷也是一点点铺陈开来的。原作者在分析巴菲特的一些投资错误案例之后，点评道：

> 即使是伟大的投资家，也有45%的时间会犯错。如果你能在55%的时间做对，那么假以时日，你能成功地积累财富。

杨天南在译者序中说得更是绝妙：

> 绝大多数人终其一生追求幸福的努力过程，就是将一手不够好的牌渐渐换成一手好牌的过程。巴菲特为我们树立了一个以身作则的榜样。

巴菲特是如何一步一步地化腐朽为神奇呢？

如果非要找个转折点，则是他1972年对喜诗糖果的收购，让他更加明白了经济特许权的极端重要性。而此时，他也终于在芒格的推动下，在费雪的影响下，慢慢摆脱了格雷厄姆的"捡烟蒂"式投资思想。巴菲特后来说："当你想买的时候，最好是在一个已商业化的市场中采购（有很多卖家出售商品）；当你想卖的时候，最好是你的顾客喜欢这个品牌，并愿意为此支付溢价，这是一个企业成功的方程式——自从我们40年前收购了喜诗，我们以这种方式赚了很多钱。"

巴菲特经过收购喜诗糖果这一转折点，使他开始更加青睐具有强大的品牌效应的企业，这也促使他日后做出很多赚大钱的投资。研究巴菲特以后一个又一个的投资案例，不得不惊叹于他持续不断的强大的学习进化能力，而这也正是最值得我们投资者学习的地方之一。

今天，由格雷厄姆开创的，巴菲特等投资大师发扬光大的价值投资虽然在熙熙攘攘的股票投资市场上算不上蔚然成风，但经过七八十年的发展，得到越来越多的投资者的认可，而且这种价值投资的思想还漂洋过海，不断地在A股市场传播。只要我们以巴菲特投资思想为指导，我们在风云变幻的股票市场中就不会迷失道路和方向。同时，研究他投资或成功或失败的案例，在我们日后的投资中，我们也会更加明晰自己的投资路线图和投资路径。

那么说来说去，我们普通人究竟怎样获得自己的第一桶金呢？

其实，普通人并没有一夜暴富的灵丹妙药，而且每个人都有自己的现实情况。而我认为，普通人最为现实的路径，还是老老实实工作，或踏踏实实做事业，然后将我们剩余的现金流慢慢转化为优秀企业的股权资产，再依靠优秀股权资产的复利增长，达到慢慢变富的目的。

这里再说点儿老实话，其实我们普通人最后也根本用不着像巴菲特那么有钱，假以时日，我们只要有了一定的资本积累，然后依靠股权资产的复利增长（甚至仅仅依靠每年的分红收入），也可以过上一个很体面、很有尊严的生活。

完全看走眼的可能性有多大

一位投资者在股市上建立了一个适度分散的组合（如5~10只股票），以5年、10年，或者更长的时间周期来看，完全看走眼的可能性有多大呢？

这种可能性并不能完全排除，特别是处在投资的早期，但如果我们经过若干年的实践磨炼，阅读许多经典投资书籍之后，这种概率有多大呢？

依我个人的观察和体会，随着时间的推移，这种概率是越来越小的，甚至可以说，经过一定时间的学习与实践，你完全看走眼，都是一件很不容易的事情！

或许你会说，我对财务分析不太精通，其实这一点儿也不难，因为我们选择那些财务简单，甚至不需要太细读年报的公司就可以了。投资并不是越来越有难度的挑战，恰恰相反，需要的是不断地降低自己的难度，更何况财务上不懂的东西，还可以不断学习，而这种"术"上的东西是不难学会的。

或许你会说，我对估值还经常拿捏不准，其实这也没关系，因为只要我们不买太高估的股票，在一个差不多的区间买入就可以了，但要选择优秀企业。

或许你会说，我对选股常常把握不准，其实这个所谓的难度也并非没办法解决，比如，你只要在消费、医药领域选择几个龙头品种建仓，并且随着本金的不断增加，趁其阶段性调整之时买入就可以了。

这一点，也有我公开分享的女儿账户为证，哪怕其间有一两只不成功的股票，但是只要组合中有一两只成功的股票，就足以获得令我们满意的收益了。更何况，随着我们认知的不断深入，还可以不断对组合进行优化，进而能有获取更高收益的可能。

但是为什么这样看似"简单"的事情，却有太多的人不能成功呢？

我看主要原因还在于很多人缺少那种淡定持有的耐心，他们常常因为一点点风浪就按捺不住、疑神疑鬼，或频繁地在不同交易标的之间"跑来跑去"，结果几年下来的收获就是一个"悔"字！

耐心这东西在股市上说有多重要就有多重要，如何让自己保持这种十足的耐心呢？

说起来不外乎还是以下几条老生常谈。但老生常谈，在我看来也必须常谈，唯有常谈，才会不断让自己头脑中产生那种"强大的模型"。

要有一个正确的投资思想作指导

投资思想，说到底与每个人的投资哲学有关，而说到投资哲学这东西，有时会让我们感觉有点玄妙，所以，我这里干脆就讲投资思想。

我们常说，思想支配行动，确实如此。因为，你想获取30%的年复合收益率，与想获取15%的年复合收益率，其"行动"自然是大不相同的。实际上，在股市待久的人都明白，在一个相当长的时间内，能获取 12%~15% 的年复合收益率就很令人满意了，而且投资时间越长，随着复利效应的增加，有时自己都会对这种复利效应感到惊诧，甚至觉得不可思议。

但是为什么还有人对实现这个"较低"的目标仍然感到不满足呢？说到底，他们还是不想慢慢变富，从骨子里不想通过复利的效应达到财务健康、财务自由的目标。

是的，我的经验告诉我，只要适时调低自己的收益目标，我们便可以安静下来，进而让自己变得不急不躁，相反，由于自己的预期目标本来就不高，一旦收益超出了这个目标，还能让自己更开心。

所以，首要的股市投资思想应该是调低自己的收入预期，如此，我们便可以沉下心来，保持足够的耐心。

把学习作为自己持久的推动力

据我观察，优秀的投资者几乎没有不酷爱学习的，甚至可以说，他们个个都可以称得上是饱学之士，诸如学习经济、历史、哲学、文学、财务、心理学等等。也正是因为持久不断的学习，才让这些优秀的投资者头脑中产生了一个"强大的模型"，而有了这样一个"强大的模型"，才让这些优秀的投资者屏蔽掉很多噪声与干扰，进而保持一种难以撼动的专注力。

很多人可能都有这样的体会，即我们都是从学校中走出来的，但是若干年以后，我们会惊讶地发现，即便是同班同学其差异之大有时也会让彼此不再有共同的语言。为什么会造成这种巨大的差异呢？原因就在于我们是在不同的细分领域工作，会导致大家不再生活在"同一个世界",其间有的同学可能放弃了学习,有的同学则会长时间保持从不厌倦的学习。也就是说,若干年以后,大家不仅仅是容颜有了改变,更为主要的是彼此大脑那个"强大的模型"有了巨大的差异。

所以说,要想取得长期的投资成功,我们就要永远保持这种持久不断的学习,进而让自己拥有区别于常人的头脑模型。在我看来,这才是投资者的根本大计。

说到这里,一个观点还有必要进行一下更正。我们做投资时看的多是西方投资大师所著书籍,其中有不少投资大师都是从人类进化的角度、人性的角度来分析投资成败的。比如,有的说投资需要投资者天生具备一种性情,似乎这种性情是与生俱来的,是由自己的基因决定的。但是果真如此吗?

我看未必,至少我们应该有一定的质疑精神。固然我们不能否认,人与人之间的禀赋存在差异,但我们在改造客观世界的同时,也在改造自己的主观世界,也就是说,我们的价值观是可以不断改造与进化的,而在这个方面是有着无数的成功事例可以证明的。而投资的价值观,毫无疑问,又是在投资中越来越起决定性作用的,但投资的价值观是人与生俱来的吗?显然不是的。

所以,我们学习西方大师的投资理论,贵在学习其思想精髓,切不能对每句话照抄照搬,一定要结合自己的思想来实际运用。换句话说,"性情不够,后天凑",我认为是完全可以做到的。

养成长期运动的习惯

这事儿似乎与投资关联不大,但事实上恰恰相反,甚至可以说关系大焉。

热力学第二定律告诉我们，人的一生是一个不断熵增的过程，想延迟这个过程，就必须让自己养成长期运动的习惯。前几年新冠疫情流行期间，我们看到年过八旬的钟南山院士仍战斗在抗疫一线，体格健硕，这是他长期坚持锻炼的结果，这一点也着实让人羡慕，更是我们投资者学习的榜样。

有人说，你运动与不运动，一两个月差距不大，一两年差距也可能不明显，但是，十年过后，就是不可逾越的鸿沟。在现实生活中，我们观察人与人之间的健康差别，确实如此。

我们做投资的，长期而言是依靠"两个复利"来吃饭的，一个是知识的复利，一个是财富的复利（且这两个复利有叠加效应）。所谓滚雪球，需要有长长的坡，自然长寿这个"坡"越长，最终会对"两个复利"起着决定性作用。而长寿这个"坡"，同样也需要"先天不够，后天凑"。而这个"后天凑"，就是坚持不间断的运动，这种坚持不仅让我们有更为强健的体魄，很重要的一点，还可以锻炼我们耐心的品质。

总之，人生到了某个年龄阶段，是需要不断做减法的，但唯有读书与运动不可辜负！

投资中的三个思维

投资中有三个思维，是需要厘清的，否则，在思维上打不通，或者思维混乱，就难以做好投资。比如，2021年以后，随着"茅指数""宁组合"这两个泡沫的破灭，A股连续三四年处于"地狱模式",尽管后来有各种救市举措,但是在2024年"9·24"行情逆转之前,在相当长的时间里处于令人窒息的低迷状态,据当时的报道说,在那段时间里有不少投资者因此抑郁。他们之所以抑郁,就是这三个思维没有打通,所以,在那种低迷、压抑的状态下就难免患得患失,甚至患上抑郁症。

投资中有哪三个思维需要厘清呢?

现金思维

表面看来,存放在银行的现金资产是安全的资产,其实从长期的数据来看,它是收益率最差的资产,特别是考虑到货币的时间价值和购买力损失,现金资产是最不值得长期拥有的资产。

我经常问朋友这样一个问题:那些世界上顶尖的富人,他们的现金资产放在银行吗?非也,他们大多拥有股权资产,因为中外股市的历史数据已经证明,优质的股权资产才是家庭最值得长期配置的资产。

由此我得出一个结论:就我们普通家庭来讲,不断地将现金资产转变为优质的股权资产是一次革命,一次深刻的革命。

当然,如果你已经到了垂暮之年,将自己的现金存在银行还是相对安全的,同时,对我们普通投资者来讲,为了保持家庭的日常所需,将一部分现金存在银行也是必要的,因为未来的生活难免会出现一些"黑天鹅"事件,家里保持必要的银行现金资产也可以让自己的生活具有一种安全边际。除此之外,我觉得个人投资者应该尽可能地将现金资产转换为优质的股权资产。

关于以上这些大道理,大多数投资者应该是懂得了,但是在具体的实践之中，有些人的现金思维十分强烈，或者说，现金思维这个"小魔鬼"还是会时不时地"冒"出来。

比如，许多投资者没有把持有股权当作目的，而是以此为手段，最终的目的还是想获取现金，他们心里时时刻刻想着"落袋为安"（不是"股权为安"），所以，当持有的标的上涨至一定程度之时，就开始惴惴不安起来，稍有点风吹草动，就立马卖掉，似乎现金不在自己手里就会跑掉似的。表面看来，他们买入的目的是拥有股权，实际上骨子里还是现金思维在作怪。有这种根深蒂固的现金思维在，就难以对优秀的企业标的以年为时间单位耐心持有，甚至有的投资者还开始耍起小聪明，追涨杀跌起来，结果到头来，多是让自己收获一个"唉"！

股价思维

这种思维好被理解，就是天天被市场先生牵着鼻子走，股价上涨了心里就感觉着嗨，股价下跌了心里就感觉着烦，一切均是以股价一时的涨跌论英雄。应该说市场上大部分都是这种投资者。据我的观察，就是公开标榜自己在做长期价值投资的一些投资者，有很大比例也是这种情况，严格来讲，他们并不是真正的长期价值投资者，至少不是纯粹的长期价值投资者。

有强烈的股价思维的人，在我看来着实有点可怜，因为市场天天是波动的，市场先生的情绪也是变化无常的，如果天天让自己的情绪跟着股价走，碰到连续几年令人窒息的低迷行情，就难免变抑郁。

股权思维

买股票就是买公司，就是买入其未来现金流的折现值，然后是句号。投资的第一性原理在哪里呢？投资的本质、本源在哪里呢？回答就在这句话上。参透了这句话，可以说投资就真正入门了。而一旦入门了，头脑里就会形成极致的股权思维，甚至喜欢当个好股收藏家（攒股）。

这个道理其实也很浅显，比如，我们与朋友合伙开办了一家幼儿园，一年下来红红火火很赚钱，而你原来只占这个幼儿园的1%的股份，此时此刻，你最大的心愿会是什么呢？自然是想扩大自己的股份占比。这应该是生意上的常识。然而这个常识，一到股市之中，很多人就迷糊了，甚至反常识起来。

比如，很多人买入某只股票后，最企盼的是什么呢？就是股价上涨再上涨，而且最好是无休止地涨下去。自然，碰到这种上涨也不能算是坏事，但如果自己有后续资金怎么办？如果分红了怎么办呢？实际上，如果股价高高在上，反倒不好办了，因为我们的后续资金和分红资金无处安放了。相反，如果股价下跌也未必是坏事，因为我们后续资金和分红资金可以持续买入，即增加自己的股份占比。

这里再说一说我最心仪的茅台，按持有市值计算，它目前占我家庭金融资产的87%左右，占有如此高的比例，我目前是该盼着它股价上涨，还是盼着下跌呢？其实，我心里还真盼着它股价下跌，哪怕股价下跌至1 000元以下，我反而认为是巴不得的好事情，因为这样可以利用分红资金再多收集点股份了；相反，如果股价涨得太高了，以后的分红资金就暂时没法投入买更多股份了。

投资时间越长,我越来越认为普通投资者投资的最高境界是"攒股",是当好股票的收藏家。这一点,可谓是我多年悟道取得的真经,同时也是多数机构投资者永远做不到的。我认为,这个认知被打通了,极致的股权思维就不难建立起来了。

说到这里,或许有人会问,难道你买入或持有的股票要永远盼着其股价下跌吗?

当然不是,因为价值投资者知道,市场上有些事情是必然发生的,只是我们不知道何时会发生。换句话说,一家企业的内在价值是必然会被反映到股价上来的,我们知道它必然会反映,只是不知道何时会反映,有这点认识,难道我们还会担心股价永远跌下去,以至于不会上涨了吗?回答当然是否定的。

从长期讲,一家企业的内在价值必然会与其业绩成长正相关,这一点,已经是股市中的铁律。这也是我们树立牢固的极致的股权思维的根本逻辑所在。

现金思维、股价思维、股权思维,这三个思维,我们做投资时应当经常扪心自问:自己在思想上果真打通了吗?如果真打通了,那果真践行了吗?

投资中有哪些风险

股市投资确实是讲究"圈层"的,否则,你一旦出圈,圈外人便可能会用异样的眼神去看你。比如近几年,知道我投资股市的朋友渐渐多起来(我虽然已入市 20 多年,但在现实生活中保持了20多年"低调的奢华",从不与外人道也),然而每每谈及股市投资,在他们很多人的眼里还是风险极大的活计!

何谓投资的风险呢?直白地说,就是在股市里赔钱,但为什么会赔钱呢?我想可能有很多人并不是太清楚,这里不妨先谈谈。

首先说明,我们进入股市面临着三大风险,即系统内风险、系统外风险和非理性操作风险,除此之外,还有什么风险吗?回答是没有了。当然,可能有人会说,还有诸如战争之类的风险,但如果真的发生了这样的风险,我们的钱放在银行也没有意义了,"天下兴亡,匹夫有责",我们的首要目标是要保家卫国!

数据研究表明,系统内风险是会随着时间的延长而被慢慢化解的,特别是从未来10年以上这样长的时间周期来衡量,所谓的系统内风险对投资者的伤害大概率会降为零。2008年次贷危机这样的系统性风险够大了吧?然而几年后再看,当时恰恰是买入全球优秀企业的绝佳时期。2024年"9·24"行情逆转前持续三年多的"地狱模式"够折磨人吧?但事后看,当时是难得的播种时光,可以想象一下,若干年后,真正的投资者一定又会非常怀念这段时光。所以,股市出现系统下跌往往不是风险,反而是机会。

非系统风险,即选错股票的风险,这一点确实是个客观的存在。因为投资者进入股市,面对着5 000多家上市公司,究竟如何选择呢?这确实是有些困难的问题。然而,大凡在股市里待久一点的人,他们似乎又都知道究竟哪家上市公司好,因为好公司并不多,而且多是在那明摆着的,"看见"它并不是太难的事情。比如,茅台是公认的"酒中之王"。同样,股市中为数并不多的好公司,诸如一些知名中医药品牌,很多投资者也是知道的。所以，只要稍加努力，选错股票的风险是可以规避的；如果还是不知如何规避，那就按照彼得·林奇所说的，从你的日常生活中去选股（选一组）。总之，选不对的风险，对很多投资者来讲，实则是个伪命题。

何谓非理性操作的风险呢？那些追涨杀跌的"炒股一族"绝对是被算在里面的，而一些声称做价值投机的人，他们进行的那种高抛低吸、波段操作、短视化操作、情绪化操作，还有市场一点点波动就"拿不住"的问题，也属于非理性操作风险之列。如果你因此赔了钱，那只能不客气地送给你两个字——活该！愿赌服输，这完全怨不到别人，更怨不到股市这个大生态系统！

国内著名的价值投资者任俊杰先生多年前，曾将投资高度简化为四个字：选对、拿住，可谓精辟之至！如果真能做到这四个字，那股市的风险对我们就荡然无存了。

其实在我看来，风险不仅不存在，反而因为我们注意了买入之前的安全边际（风险在买入之前就被化解了），从某种程度讲，股市投资对于我们是一个无风险、高收益的行当了（虽然我们也会犯错，但通过构建投资组合大概率会将犯错的风险过滤）。所以，如果你因为惧怕所谓的股市风险而不拥有优质股权资产，永远地被排除在这个游戏之外，那实际上才是你一生最大的财务风险。

这里，有两个重要因素需认清。一是个人购买力损伤，即我们说的通胀。通胀是市场经济的伴生物，每年具体的通胀率虽然没有确切数字（比较准确的计算是用广义的货币供应量M2增速减去GDP增速），并且这个数字是动态的，不断变化的，我们从衣食住行等日常活动中，就不难感受到如影随形的通胀。长期来看我们说通胀是个"老虎"并不为过，我们普通家庭并不多的金融资产如果不进行投资（保值增值），在未来是会被这个"老虎"吃掉不少的。

二是货币的时间价值。很多人并没有意识到货币的时间价值，比如，我们今天拿出 10 000 元去投资，未来按照沪深基准指数 9% 的复利增长（未扣除通胀），10 年后便会是 23 674 元；20 年后便会是 56 044 元；30 年后便会是 132 677 元。退一步讲，就是按照无风险利率（10 年期国债）来比较，也说明货币是有时间价值的。

我们都知道巴菲特是世界级的投资大师，如果在 1965 年，给他的伯克希尔-哈撒韦投资 1 万美元，则到 2024 年年底会达到令人目瞪口呆的 3.78 亿美元，59 年年复合收益率为 19.56%。虽然，我们普通投资者难以达到巴菲特如此高的复利水平，但这从另一个侧面说明，时间是具有伟大价值的。

如果我们考虑到以上两点因素（一个负复利、一个正复利），而永远地被排除在股市这个游戏之外，受到的实际损失更是巨大的，甚至可以说是不可估量的。而这一点，在"圈"外人的眼里是"透视"不到的，所以，大家根本没有生活在一个频道，彼此没有"共同语言"也是完全可以理解的。

但是，身处"投资圈"内的人是不是真的认清市场风险了呢？

据我的观察，很多投资者心里始终有一个过不去的坎儿，即把波动视为风险，甚至将自己的股票账户当成储蓄账户，进而让自己陷入长期的痛苦折磨中不能自拔。价值投资大师早已经告诉我们，波动并不是风险，真正的风险：一是本金的永久损失；

二是收益不足。本金的永久损失，这一点好理解，就是把钱赔光了；收益不足，就是没有跑赢沪深 300 基准指数（也可以与无风险利率比较），因为如果跑不赢这些基准，还不如直接去投资基准指数。除此之外，还有什么风险吗？回答是已经没有了。

道理归道理，一到具体的投资实践中很多投资者的心理就变得扭曲了，比如难以摆脱短期损失厌恶的心理，难以克服芒格所说的"被剥夺超级反应倾向"等，直白地说，股价跌了他们心理受不了，股价涨了心理也承受不住。在投资的早期有此"心理活动"倒无可厚非，但若长期仍然如此，那就应该问一下自己是否适合在股市里面投资了。

投资终究是一件快乐的，甚至是令人着迷的事情，一边是认知的复利增长，一边是金钱的复利增长，两者相互促进，形成正反馈，可谓收获金钱，收获思想，何乐而不为呢？但如果达不到这种心态和境界，那就及早让自己斩断股缘，干自己喜欢的事情才是上策。

不妨给孩子建立投资账户

平时，与年轻的投资者接触，他们多反映自己目前缺少投资的本金。确实，现在的年轻人一结婚，大多面临着房贷压力，以及以后孩子上学教育等方面的财务压力，所以本金少是一个现实的问题。

但本金少是不是就不能投资，或者非要等本金多了再投资呢？

我倒不是这样认为的，因为这是绝大多数人的第一层思维，而投资是需要"第二层思维"的。

我们且算一笔账，假如年轻的父母在孩子出生时便给孩子建立一个 5 万元的投资储蓄账户，并持有到孩子 60 岁退休，且其间只买不卖，会是什么结果呢？

- 5 万元本金，年复利增长 15%，60 年后会是多少呢？2.19 亿元！——是的，你没看错，就是这个数！
- 5 万元本金，年复利增长 14%，60 年后会是多少呢？1.30 亿元。——这个数无疑对我们绝大部分人来讲，也是个天文数字！
- 5 万元本金，年复利增长 13%，60 年后会是多少呢？7 650 万元。
- 5 万元本金，年复利增长 12%，60 年后会是多少呢？4 488 万元。
- 5 万元本金，年复利增长 11%，60 年后会是多少呢？2 620 万元。
- 5 万元本金，年复利增长 10%，60 年后会是多少呢？1 522 万元。

这就是时间和复利的力量！

巴菲特说，滚雪球要有湿湿的雪和长长的坡，哪怕开始这个湿湿的"雪"很小（仅 5 万元的本金），只要"坡"够长（时间足够长），也是完全可以滚大的。而且对很多年轻人来讲，慢慢攒到 5 万元的本金难度也并不是太大，并且随着自己生活富裕，现金流多起来，还是可以增加本金的，其中关键还在于自己对时间与复利的认知。

如果你已经有了一定的投资素养，可以建立一个由几家超级明星公司组成的"挪亚方舟"组合，如我就为两个外孙女建立了她们上大学的"绝代双骄"账户（在"悟道篇"会谈及），目前组合为茅台+片仔癀+东阿阿胶+消费类ETF指数基金。

如果你没有更多的时间研究投资，没有经过必要的投资训练怎么办呢？

如实说，对没有必要的投资素养的普通投资者来讲，保持几十年的百分之十几的复利增长，是个注定难以完成的任务，其实就是对于专业的投资者，如果能够在60年之内实现12%~15%的复利增长，也是世界大师级的投资水平了。

但是，我们有没有办法让自己的财富"雪球"滚起来呢？

有的，这就是投资于指数基金。作为投资大师的巴菲特从来不向众人推荐个股，但他曾不止一次向普通投资者推荐指数基金（标普500指数基金）。

那么，投资A股的指数基金结果究竟如何呢？

且以我长期观察的两只ETF指数基金为例（除了定投沪深300、中证A500、红利指数基金，还可以考虑定投专业指数基金，如消费类、医药类，历史证明，消费和医药行业往往是长期大牛股的集中营）：

➡ 消费ETF（159928）：2013年8月23日，开盘价为0.999元（后复权，下同），至2024年年底收盘价为3.268元，11年年复合收益率为11.38%，这已经跑赢市场上大多数忙着"跑进跑出"的普通投资者了。在 2024 年年底这个时间节点，该指数的成分股平均估值处于 10 年来的低位，随着将来行情的反转和消费的复苏，未来其收益率还有望提高。

➡ 酒 ETF（512690）：2019 年 5 月 6 日，开盘价为 0.944 元（后复权，下同），至 2024 年年底收盘价为 1.582 元，近 5 年年复合收益率为 10.88%。该 ETF 基金成立时间较短，其最大特点是覆盖了国内主要的头部酒企（包括啤酒头部企业），且正赶上近几年酒类周期的向上反转和下行，所以收益有些大起大落。随着将来行情的反转和未来酒类行业周期的上行，有望取得超预期的收益。

所以，股市里并不缺少"躺赢"的"财富密码"，关键是自己的认知能否达到这个境界！

当然，在未来几十年的岁月里，你还不知道要经历多少"黑天鹅""灰犀牛"事件，不知要经历多少牛熊转换，你持有的市值也极可能会经历数次腰斩，或者短期不仅不上涨，反而会下跌。换句话说，最终的"辉煌"一定是用"苦难"的过程来铸就的，其实这也符合生活的辩证法，即世界上的任何成功都不是轻轻松松就可以搞定的。

芒格说："如果既能理解复利的威力，又能理解获得复利的艰难，就等于抓住了理解许多事情的精髓。"

此言不谬矣！

那么，你究竟是否愿意开始这样一个"惊心动魄"的财富之旅呢？

其实我本人早已开启"慢慢变富"的财富之旅。我家三代人，即我与爱人的主账户、女儿账户、两个外孙女的账户早已走在这样的复利之路上，而且从具体的实践看，截至目前的效果还不错，甚至是超出预期的。

在此说明：

1.孩子不到18周岁是不能开股市账户的，所以要想给孩子建立账户，用家长的账户替代即可。

2.以上提到的两只ETF指数基金并不作为推荐的具体标的（投资者可根据自己的认知能力圈配置不同的ETF指数基金组合，并且对小资金的投资者来说最好的办法是坚持长期定投），这里仅用于说明我文中的观点。

相信的力量

《三联生活周刊》曾做过一个微博调查，其结果颇令人玩味。调查的内容是"中1 000万元和挣1 000万元哪个概率更大"，有近10万人参与了投票，投票结果显示，48%的人选择"当然是中奖了，1 000万元我这辈子肯定是挣不到了"；有28%的人认为"这两种结果的概率都很小，都没啥可能"；仅有15%的人选择"中奖概率太小，自己拼一拼还是有可能的"；还有9%的人选择"做做梦怎么了，但凡其中有一个实现都行"。

48%、28%、15%、9%这四个数字，我觉得还是很符合人性的。

48%的人，选择购买彩票或者博彩性质的"刮刮乐"，这说明许多人并不想慢慢变富，还是希望自己有机会中个大奖，来个一夜暴富（据说，彩票的购买主体是中低收入人群，不能不说，彩票真是一个符合人性的设计）。

48%+28%+9%，共计85%的人对此生获得1 000万元财富不抱太大希望，只有15%的人认为"自己拼一拼还是有可能的"，这也大致反映了生活中的"二八定律"，即20%的人拥有的财富要远远多于80%的人所拥有的，因为那80%的人多是压根儿就不敢想，或者仅仅是停留在"想"的阶段，而从不想办法去改变。

芒格说，90%的人处在生活的底层，这就是现实。这话是不是说得有些极端，或者只是针对美国人的，我不得而知，但观察一下在现实生活中，确实大多数人不愿意改变自己的财富命运（阶层的固化让我们大多数人或许连"想"的力气也没有了），哪怕他们具备这种改变的条件，而真正想改变的也就是那20%之内的少数人，甚至比这个比例更低。所以，我们自己若想成为改变自己财富命运的少数人，就要研究这些少数人的样本，而不要将自己"混同"于大多数人。

这些少数人的样本，有什么共同的特点呢？

答案可能是多样的，不同的人也会有不同的答案，但其中有一点是相同的，那就是他们相信"相信的力量"。比如，据《滚雪球》一书记载，我们价值投资者所崇拜的投资大师巴菲特，年轻时就发誓自己在30岁时要成为百万富翁，并且扬言说，如果做不到，他就从楼上跳下去。当然，最终他没有从楼上跳下去，因为他在30岁时就已成为千万富翁，35岁时成为亿万富翁，到今天更是成为世界上排名前几的富翁。——当然，巴菲特成为千万富翁、亿万富翁并不是靠中彩票之类的一夜暴富，而走的是慢慢变富的路子。

日本的经营之圣稻盛和夫说:"内心不渴望的东西,不可能接近你。"他说:"从我自己的人生经验出发,我把'心不唤物,物不至'作为自己坚定的信念。就是说,只有自己内心渴望,才能将它呼唤到可能实现的射程之内。首先要明白'心不想,事不成'。"

我把稻盛和夫的话"翻译"过来就是,我们要相信"相信的力量",因为唯有相信,我们才会看见!

比如,一直追踪我女儿投资账户分享的朋友知道,我每次公开分享,都会说上一句:相信"相信的力量",我是因为相信而看见,而有些人是看见而仍然不相信!

再如,最近两年知道我做股票投资的朋友也渐渐多了起来,自然关于投资的交流也就多了起来。每每我与他们谈起,茅台自2001年上市之时,如果你投入5万元本金,到今天会是1 000多万元之时,他们中的大多数人会投来不相信的目光,然而他们中究竟又有多少人想去改变呢?可以说是寥寥!

在网上,我曾经看过这样一段十分令人震撼的话:成年人的社交潜规则是只筛查、不教育,改变别人是一种消耗,改变自己则是一种成长(最好的投资是投资自己)。生活的经验告诉我们,的确如此,一个人特别是生活了几十年的成年人一旦其格局和思维固化,是难以改变的,因为如果改变,那将涉及改变过往几十年所形成的格局和思维范式,其难度是可想而知的。

这里,我再说一下我的一点"趣事",就是在一次饭局之前,一位做投资的朋友向我索要《慢慢变富》一书,但饭局中还有这位朋友的一位朋友,于是碍于情面,我也就顺手送给了朋友的朋友一本，结果如何呢？

后来我的这位做投资的朋友告诉我，他的这位并不熟悉股市的朋友第二天专门给他打电话对他进行了一番"教育"，并且以十分"内行"的角度，"教育"他要像远离毒品一样远离股市。呵呵，我们生活中会经常发生这种"外行教育内行"的事情，所以，我也是见怪不怪的。

然而，尽管如此，我仍然是不厌其烦地说一些"老掉牙"的投资道理，因为我早已公开承诺（我也有芒格所说的人类误判心理学中的"承诺一致倾向"和"废话倾向"），我当下的人生愿景：自己通过股市投资实现慢慢变富，并且以自己知行合一的投资实践影响和带动有缘人一起慢慢变富，我认为这对于自己的人生，是一件十分有意义的事情（我的人生愿景在"悟道篇"会专门谈及）。

是的，虽然打动不了多数人，但一旦看到因为自己的些微影响而使朋友取得投资佳绩时，我内心也更领悟到投资教育的意义所在，同时，自己内心也更平添了一些成就感！

第二章

选择(估值)篇

白酒赛道——我们喝的并不仅仅是酒

　　股票投资是选择的艺术，其中"选对"是关键。但是如何"选对"呢？有句话说得好："先要选择好的赛道。"经过这些年的悟道，我认为，选择行业赛道是战略性问题，选择个股是战术性问题（有时选择好赛道的龙头就可以了）；好股的选择是战略性问题，估值是战术性问题。选择好赛道十分重要。但是，投资中究竟有哪些好赛道呢？

　　首先说明，宽泛地讲赛道是指行业，或者行业中的某个品类，但这样说未免太笼统，所以，我尝试着从人的"六感"（眼、耳、鼻、舌、身、意）和人性的角度去分析。其中有的是从行业角度分析，有的是从人的感觉层面分析，有的是从人性的底层需求分析。总体来讲，只要符合人的生理需求，特别是符合人性（哪怕是隐蔽的人性需求）的生意，就可以归之为好赛道。

　　谈到行业赛道，白酒这个行业简直是太好了，依我目力所及，还没有任何一个行业有白酒这样好的"行业命相"，可以说好得让人羡慕，如果你做投资不研究白酒，可能会失去一部分丰厚的投资收益，过去是这样，现在是这样，将来还可能是这样。从这一点上解释，你也就能够理解为什么中国很多知名的价值投资者都投资了白酒，甚至十分"极端"地只投资茅台。

行业竞争格局已经十分稳定

白酒行业的特点是呈现"占山为王"的竞争格局，高、中、低端的"江山座次"虽有轮动，但总体而言，消费的分层基本决定了竞争格局的相对稳定。在这种情况下，如果外界的竞争对手，想从零开始，新造出一个白酒品牌，这容易吗？应该说不容易，甚至可以说是难于上青天的。所以，我们普通人在白酒行业里寻找投资标的，是很容易一眼看见底的。

从行业规模上看，我国规模以上白酒公司的产量，2016年达到高峰1 358万吨，至2023年下滑至449.2万吨，虽然有统计口径上的差别，但是很明显，白酒总产量是萎缩的，但是几家头部酒企的高端酒占比却是提升的，行业出现挤压式增长的发展态势。2016年茅台、五粮液、泸州老窖等高端酒产量大约有13万吨，占全国白酒总产量的1%左右，至2023年提高到45万吨（包括系列酒），占全国白酒总产量的10%左右。这个增长趋势说明了什么呢？"少喝酒、喝好酒"已经成为白酒行业的消费时尚，而底层逻辑就是中国富裕家庭和人口的总体趋势在不断螺旋式上升。特别是随着人们对美好生活的向往，品质消费是必然趋势，所以投资还是要尽量选择头部公司。当然，由于白酒香型的差异化，不同香型的代表性品牌也有不同的区域影响力，在不同发展时期、不同估值状态下不能否认它们的投资价值。

行业的传统文化血脉，不容易被颠覆

"王侯将相，宁有种乎？"中国白酒的知名品牌从某种程度上讲，还真就有"种"乎！

"葡萄美酒夜光杯，欲饮琵琶马上催。醉卧沙场君莫笑，古来征战几人回？"唐代王翰的这首《凉州词》，被后世称为唐代七绝的压卷作之一，确实是能够打动无数保家卫国的热血男儿心灵深处那最柔弱部分的千古绝唱！

有人考证说，中国酒文化的源头并非白酒，古人给我们留下来许多关于酒的精彩故事，但元代以前的古人喝的更多是黄酒、米酒（也有人考证葡萄酒是我国酒文化的源头），直到元代以后白酒才真正融入我们的文化血脉。

但，这又有什么关系呢？

中国的酒文化一如滔滔不尽的黄河、长江之水，不管上游的支流来源于哪里，一旦汇入东逝之水，就演绎成中华文化的一种神韵而生生不息！

尤瓦尔·赫拉利所著的《人类简史》提到，人类区别于动物也高于动物的一点，就是最为擅长讲故事，用某种故事把陌生的人类统领起来，而且一旦这个故事深入人们的头脑之中，就难以剥离掉了。同时，书中也告诉我们：我们习以为常、自以为真实的很多事物其实都是虚构的故事。很多时候，事物本身是什么并没有那么重要，人们认为它是怎样的才重要，即认知是"事实"。总之，喝白酒就是喝中国文化，这已经在很多普罗大众的心里深深扎下根了，更何况众多的白酒企业也在打文化牌，这更在有意或无意中强化了人们的这一认知。

满足人的某种舌头需要，终生难以改变

在人的"六感"（眼、耳、鼻、舌、身、意）之中，舌头是一个奇怪的存在，因为它的信息量较大，并且差异性很大。在六感之中，同样能够获取大量信息的还有眼睛，但是人们的眼睛在获取信息的同时，又具有共同的审美标准，比如大众情人之类的，所以它不像舌头这样存在着很大的差异性，而且这种差异性一旦从小养成（也与生活的地域有关），就很难改变。这一点，可能与人类在进化中为了保护自身安全有关，比如，不要轻易尝试不太熟悉的味道以免误食中毒。总之，我们难以改变的不仅仅是思想、习惯，更难以改变的是味蕾感觉。所以，我们看到各种香型的白酒均有着自己的利基市场。虽然茅台以香型成分更复杂多样、味道更优雅、细腻、协调、饱满而更为著名，但是有的人一生也喝不惯这种酱香口味。比如，我的一位老领导，一辈子钟情于某个区域性的白酒品牌，甚至在他生命的尽头也是用这个牌子的酒"送终"，因为他晚上独自饮用而没有醒过来，于是就幸福地永眠了！

当然，在白酒的饮用中还有一个奇怪的现象，就是味觉的迁移。比如，过去有些人饮用不惯酱香型的白酒，特别是北方人，但是茅台酒的神奇之处在于，越来越多的人逐渐喝习惯了，而且一旦喝惯了茅台酒，就难以再喝别的香型的酒了。当然，以茅台酒的"至尊"地位，普通人并不能每天喝得起。

满足某种人性的需求

第一，解闷。"花间一壶酒，独酌无相亲。举杯邀明月，对影成三人。"这里更多的是"解闷"。人是怕孤独的，虽然一些人说欣赏自己的孤独，但许多人真的经历孤独，恐怕是要发疯的，所以就只能"举杯邀明月"了！

第二，抒怀。"古来圣贤皆寂寞，惟有饮者留其名。"这当中更多的是抒怀。人是很复杂的，人生在世不如意之事，常是十有八九，比如，虽然理论上说"天生我材必有用"，但实际上你的才能未必能够发挥，或者你也未必"有才"；再比如，你可能看到身边很多能力还不如你的人已经腰缠万贯，于是，你心里总是愤愤不平，或者你极力地想快速致富而又偏偏没有实现，别人劝你慢慢变富，可你心有不甘，诸如此类，你就难免喝酒时哼上几句"人生得意须尽欢，莫使金樽空对月"，进而消除自己的"万古愁"了！

第三，社交。人是社会的人，人必须生活在一定的社会关系网络之中，不然，如果地球上只剩下你一个人，你就是拥有金山银山也会很快疯掉。我记得在网络上看过一个实验，将志愿者关进一个封闭的空间，什么也不让他们做，没有报纸、书籍、手机，唯一能做的事就是静静地待在一个封闭的空间里，结果有一位女志愿者只待了半天就大哭起来，放她出来以后，她哭着给老公打电话，好像受了很大委屈。总之，最后的实验结果是，在这个封闭空间里坚持最长的志愿者也不过待了一天多的时间罢了。

所以，人必须得有社交，有自己的小圈子。而酒就是人们社交的最好媒介。虽然大家围坐一起也可以喝喝茶、喝喝咖啡，或者仅仅坐在一起侃大山，但这种种社交媒介，据我观之均不如白酒。因为二三两白酒下肚，陌生的人便不再感觉生分，容易快速拉近距离，就连上下级等级也不再显得那么"森严"了。俗话说："越喝酒感情越深，越玩钱（赌博）感情越淡。"就是这个道理。

此外，中国人性格更内敛一些，很多时候通过白酒这种媒介（白酒可以让人迅速产生多巴胺），平时那种不易表达的"豪情"才更容易表达出来，所谓喝酒三境界，即"不言不语、欢声笑语、豪言壮语"是也。

有人说，现在喝白酒的年轻人越来越少了，但正如茅台原董事长季克良所说的，等人到了一定年龄就会喝白酒的，阿里巴巴的马云也持有此说。这些有着波澜壮阔人生经历的人说出来的话可信度更高一些。我从自己的人生经历之中也深深感觉到这一点。因为人到了一定年龄，经历了许多事情才更能体会到人生的酸甜苦辣，在这个时候，与友人小酌，与其说是喝酒，倒不如说是喝下人生的酸甜苦辣。

此外，年龄大的人还心照不宣，年轻人对啤酒尚可以豪饮，但是到了一定年纪，再如此豪饮是很尴尬的，因为你得时不时地往卫生间跑去，而喝点白酒更容易在胃中形成中医上所说的"化"，是不会有这种尴尬的。

总之，我们国人的社交，在很多时候少了白酒是不行的，当然，不同社交也对应不同的酒类型和其中的学问，比如朋友之交、同学之交、亲戚之交、世俗之交、功利之交，其中暗藏着的种种玄机，大家彼此也都是心领神会的。

第四，炫耀。炫耀也是人类本性，且炫耀的对象又可谓花样繁多，比如有的是炫耀金钱财富，有的是炫耀钻石金银等贵重物品，有的是炫耀书法绘画，不一而足。高端白酒，如茅台酒的功能就在于，它不仅仅满足于自己的味蕾，更可以满足于人的这种炫耀本性。比如，它可以彰显财富或者身价。你看在社交媒体上，常见一些高端人士相聚在一起，将茅台酒的瓶子晒出来，呵呵，这一点，不用多说，估计你懂的！

第五，尊重。当你有求于人，喝茅台就显示了对客人的尊重，其效果也是与普通品牌白酒大不一样的。就是对亲戚、家人，这种尊重有时也是很重要的。比如，过年时去孝敬老丈人，你送的是普通品牌白酒，而你的亲戚送的是茅台，说不定你就会收到"老泰山"不同的眼神！

通过以上分析，我们就该明白了，原来我们喝的白酒并不仅仅是酒，更是人的最高层次的感觉，即"意"。在人的六感之中，"意"的感觉最高级、最复杂、最难以捉摸。所以，再好的山珍海味也会让人有吃腻的时候，因为它只能满足人的功能性需求，而白酒这东西能让人神魂颠倒，这一点，只要看一看古往今来有多少文人墨客写下关于酒的千古绝唱就不难明白了。

此外，万物皆有周期，只是强弱程度、时间长短不同。白酒这个行业也是有周期的，所谓"黄金十年""失落十年"之类，但是不要紧，酒是需要存储的，而且白酒还是陈的好（特别是酱香型酒），一旦周期反转，库存的老酒反而更值钱。白酒企业不怕库存的这一特性，许多品类难以达到。

还有一点很重要，因为人类的舌头具有记忆功能，且十分敏感，不如大脑那样容易被欺骗，所以，白酒的工艺也无须创新，只要保持传统的工艺，保持原有的品质与口味就可以了，所以，也无须很大的研发投入。这对关注企业自由现金流的价值投资者来讲，又是一件巴不得的事情。

想到白酒行业这种种的"好"，纵观A股所有上市公司所处的赛道，可以说，这就是最好的赛道之一！

家电赛道——空间舒适，人类永恒的需求

在纪录片《动物世界》中，我们经常看到在炎炎烈日之下，那些老虎、狮子之类的，总是在吃饱喝足之后，躲到树荫之下睡觉休息。其实人类也是如此，对空间的温度有所追求。在中国古代的皇宫里，夏天会建冰窖，冬天会设火盆，后来这种取凉、取暖的方式也慢慢进入民间百姓的生活，当然相比较之下，条件会差很多，但至少在夏天，老百姓还要拿个大蒲扇来取凉。当然，人类与动物最大的不同之一，就是100多年前，发明了被称作空调的"空间温度调节器"。

这里提供一点史料，空调的发明者是威利斯·哈维兰·卡里尔，美国人，被称为"空调之父"。1876年11月生于纽约州，24岁在美国康奈尔大学毕业后，供职于制造供暖系统的布法罗锻冶公司，当机械工程师。1901年夏，纽约地区空气湿热，纽约市布鲁克林区的萨克特·威廉斯印刷出版公司受湿热空气影响，油墨老是不干，纸张因温热伸缩不定，印出来的东西十分模糊，为此，该公司找到布法罗锻冶公司，寻求一种能够调节空气温度、湿度的设备。布法罗锻冶公司将任务交给了富有研究精神的年轻工程师卡里尔。卡里尔想，充满蒸汽的管道可以使周围的

空气变暖，那么将蒸汽换成冷水，使空气吹过水冷盘管，周围就应该凉爽了；而潮湿空气中的水分冷凝成水珠，让水珠滴落，最后剩下的就是更冷、更干燥的空气了。基于这一设想，卡里尔通过实践，在 1902 年 7 月给萨克特·威廉斯印刷出版公司安装好了这台自己设计的设备，取得了很好的效果，世界上第一台空气调节系统（简称"空调"）由此产生。值得一提的是，空调发明后的最初 20 年，享受这一成果的一直是机器，而不是人，主要用于印刷厂、纺织厂。

1915 年，卡里尔与 6 个朋友集资 32 万美元，成立了制造空调设备的卡里尔公司（也译"开利公司"），1922 年该公司成功研制了具有里程碑地位的产品——离心式空调机，从此空调效率大大提高，人成为空调服务的对象。具有轰动意义的事件接踵产生：1924 年卡里尔公司为底特律的赫德逊大百货公司安装了空调，1925 年为纽约里沃利大剧院安装了中央空调。百货商场安装了空调，顾客在夏天购物的心情大不一样，大剧院内更是人山人海，清凉彻底征服了观众。以后 5 年，卡里尔公司给 300 多家商场和影剧院送去了清凉，空调从此进入了迅猛发展的时代。1928 年，卡里尔推出第一代家用空调，但第二次世界大战打断了家用空调的普及过程，直至战争结束，随着 20 世纪 50 年代的经济起飞，空调进入较为发达国家的更多家庭。我国千家万户享受到空调，则是在改革开放后这 40 多年。

从中医角度讲，春生、夏长、秋收、冬藏，顺应四时更有利于人的健康。空调这东西让我们所处的空间在一年四季始终如此舒适，似乎更容易得"空调病"，但人类即时满足的本能，又让我们真的离不开空调这种"空间温度调节器"。格力前董事长朱江洪就说过，空调是会让人上瘾的，在我看来，这种"上瘾"，从根儿上剖析，人类就像老虎狮子一样，对"树荫"有所依赖，这是一种永恒的生理需求。

A股有一个十分有意思的现象：虽然格力这些年给它的长期投资者带来了丰厚收益，但是近十年的时间，市场上质疑其发展天花板的声音不绝于耳。其实细细分析起来，这些质疑的人的确忽视了人类对空间舒适的追求是永恒的生理需求。比如，在我国大部分地区，我们居家需要空调，办公需要空调，去餐馆就餐需要空调，外出旅行乘坐高铁、飞机需要空调，就是核潜艇深入海底探险也是需要空调的。细细观察，空调或者说"空间温度调节器"，真可谓是无"空间"不入啊！

在人的六感之中，最为灵敏的是眼睛，细微的差异都能分辨，所以我们对显示技术的需要似乎永无止境，比如，从480P到720P，再到1 080P、4K，甚至8K显示技术；从黑白到彩色、真彩色、10亿色；从2D（二维）到3D（三维）再到AR（增强现实），我们似乎要实现显示技术完全还原真实世界才肯罢休，相比较之下，我们的身体对空间温度的感受就不那么灵敏了，也不那么"贪心"了（甚至比较恒定）。比如，我们的身体很难分辨出25℃与26℃之间的差别。人在感觉上的差异，也使电视机技术不断迭代，而空调则成为一个技术演进和迭代比较缓慢的品类。——这个观察视角是不是很独特呢？人的六感之中大有乾坤呢！

所以，我们看到今天空调运用的仍然是一百多年前的原理，只是在微创新上不断进步。同时，我们也看到美国、日本的空调企业也多是百年长寿型的企业，如日本的大金于1924年创办,至今有百年历史了;美国的卡里尔于1902年创办,约克于1874年创办,特灵于1913年创办,麦克维尔于1872年创办,惠尔浦于1911年创办,均是百年以上的企业(后来多是开展多元化经营)。当然,如果有一天,空调被新的"空间温度调节器"技术革命了、颠覆了,那是另一回事,但是现在,我们还没预见到这一天的到来。

人对空间舒适的追求当然不仅仅是温度,其实还有很多,诸如便捷使用的室内家居家电、温馨的装饰、美观的色彩,但是我们人类对空间的这种舒适追求,在很多情况下也是为自己"懒惰"这一本性服务的。我们看纪录片《动物世界》,除了十分勤劳的蚂蚁、蜜蜂,很多动物如老虎、狮子等都是吃饱喝足之后,就懒懒的享受,人类虽然要比它们勤奋得多,但总体而言也可以称得上是比较"懒惰"的动物。高科技越发展,越能满足人类的这种"懒惰"需要,越能提供令人享受的产品或服务,就越有广阔的市场发展空间。

所以,国内三家头部白色家电,格力电器、美的集团、海尔智家等当下均朝一个方向发力,即智能家居。在格力举办的"让世界爱上中国造"的高峰论坛上,格力推出了"零碳健康家"智能家居系统:该系统以云技术、感知技术、连接技术、交互技术、语音技术、人工智能技术为基础,通过指静脉智能门锁、人工智能(AI)语音空调、物联手机三大控制入口,智能联动全屋家电设备,开启能源、空气、健康、安防、光照五大管理系统。从技术推介上看确实有点让人眼花缭乱,但说穿了,这些智能家居系统更多是为了满足人类的"懒惰"本性,即我们未来生活的空间,不仅要舒适,还要让我们更节省体力、气力、脑力。

也许是我杞人忧天，未来随着各种高科技的不断进步，我们之中会不会有人被"培养"成为19世纪俄国著名作家冈察洛夫笔下的那位"多余人"，即整天只会懒懒地躺在床上或沙发上"享受"的奥勃洛摩夫呢？

但担心归担心，人类对"空间温度调节器"的需求是不变的，也变不了的，同时，科技越发展，越能满足人类这种追求舒适的需求，所以，生产"空间温度调节器"以及相关产品的企业，也容易成为长寿型企业，也不失为我们投资的一个良好赛道。

现在市场上总是有观点质疑格力的发展天花板，不过，你看一看美国、日本的空调企业都已经是百年以上的企业了，难道就没有一点信心，相信格力这样的优秀企业也能实现百年老店的发展愿景（包括向国际化拓展）？

美容赛道——爱美之心人皆有之

爱美之心人皆有之，而女人尤甚。特别是漂亮的女人到了"资深"的程度，大多会使出各种手段尽可能地留住青春，留住美丽（这是人性，我并无贬低之意）。所以，在企业的目标客户中，如女人、小孩子、宠物、老人、男人，女人是容易让企业赚钱的。

由于人有追求简单、直接的本性（也是一种懒惰的表现），所以最能打动女人心的就是各种化妆品了。相对于服用各种补品，化妆品的使用要简单、省事得多，在脸上涂涂抹抹即可，而且还能带来很大的心理满足。所以，很多女人外出必化妆，化妆品无疑又成为一个投资的好赛道。

改革开放以后,化妆品作为放开较早的行业,国外的一些强势化妆品品牌一段时期差不多将国内品牌"斩尽杀绝",几乎垄断了国内市场,在残酷竞争中活下来的民族品牌上海家化,前几年还因为中国平安的入驻掀起一场管理层风波,至今仍看不到它的业绩有多大转机。

相较于化妆品,美容行业更为直接、快速见效。所以,发达的韩国美容业一度让许多人趋之若鹜,尽管一些手术并不成功,甚至有些黑心美容店是无证经营,但也反映出,美容有多大的诱惑力!

美容分为生活美容、医疗美容,相比较于生活美容,医疗美容监管更为严格一些,医疗美容使用的药品和医疗器械须依法注册,医疗美容机构必须向卫生行政部门登记注册并获得相关资质。近几年,A股市场有几家涉足医美产品、医疗美容的上市公司,如爱美客的毛利率与净利率水平堪比茅台,如此高的毛利率与净利率水平,必然会吸引相关竞争对手纷纷进入这个行业,投资者对其中能够保持长期竞争优势(这一点很关键)的龙头公司是需要关注研究的,因为美容对于一些女性的吸引力是致命的,是无法抗拒的,这是一个非常好的赛道。

"暗服阿胶不肯道,却说生来为君容",据传历史上"肤若凝脂、吹弹可破"的杨贵妃,皮肤之所以那样好就是因为偷偷地吃阿胶。但是,相较于化妆品的直接涂抹,相较于立竿见影的美容术,服用阿胶美容的最大"硬伤"是有长久毅力之人方可为也,这一点,就好比每天坚持快步走有利于健康,但是多数人却是难以长久地坚持下去的。不过,男人的茅台(当然女人也可以喝），女人的阿胶（当然男人也可以吃），毕竟阿胶美容的诱惑力并不小（只要抓住一部分铁杆粉丝就可以了）。种种迹象表明，一些专家正在对阿胶进行科学研究，寄希望通过科技手段来揭开阿胶滋补美容的谜底（如含有糖肽类成分），就像当年茅台通过科技手段揭示"离开了茅台镇就生产不出茅台酒"一样，如果将来有一天，这项工作做好了，再辅助有力的营销，仅此一个美容的"卖点"，就能受到更多关注！

总之，一手好牌就在东阿阿胶管理层的手里，就看管理层如何作为了。好在，经过前几年的管理层调整，东阿阿胶现有的管理层似乎让投资者看到了希望，曾经"王子落难"的阿胶目前正在由"青蛙"变回"王子"的途中（2019年公司曾因激进的提价策略导致渠道库存高企，业绩一度大幅度亏损，近几年正处业绩恢复之中）。"暗服阿胶不肯道"，趁着企业的业绩未完全恢复，具有一定安全边际之时"暗服"的，不经意间又占上了一个好赛道！

养生赛道——谁也不愿意快速老去

对中医不了解的人，特别是一些"中医黑"，他们不知道，约2000年以前，凝聚着古人医疗、养生智慧的《黄帝内经》，就已经阐释我们人的天年是120岁。这里，先摘抄这部宝典中的一段原文：

上古之人，其知道者，法于阴阳，和于术数，食饮有节，起居有常，不妄作劳，故能形与神俱，而尽终其天年，度百岁而去。

今时之人不然也，以酒为浆，以妄为常，醉以入房，以欲竭其精，以耗散其真，不知持满，不时御神，务快其心，逆于生乐，起居无节，故半百而衰也。

这后一段话，是不是对今天的我们说的呢？可以说，我越品味越觉得这就是对今天的我们说的！

但是人生在世，在没有获得自己的财务自由之前（就像一些投资大V、投资大咖已经实现财务自由，每天乐得自由自在，吃饱喝足，不受管束，无所事事一般），我们大多数人有什么好的办法做到"食饮有节，起居有常，不妄作劳"呢？

比如，不加班加点，可能就得不到提职提薪，不开夜车，可能就完不成上司交办的任务，而工作在大城市起早贪黑地赶地铁，那更是无可奈何的事情。同时，大气污染、光污染等又是人人难以逃避的环境问题，这种种生活的窘况才是我们现代人不得不面对的"逼真"的现实。

所以，"日出而作，日落而息"式的顺应四时、道法自然的健康生活，大多数现代人是没有办法做到的，那种"五谷为养，五果为助"的简单饮食生活也是不容易做到的，毕竟现代人还需要更多的酒肉应酬，怎么办呢？

"养生不够，补品凑"，这也是很多人的选择，别忘记我们人是懒惰的动物，更喜欢简单、便捷、快速、见效的东西，相反，对于日走万步有利于健康之类的养生方法，反而难以坚持。从这个角度讲，养生补品就容易成为投资的好赛道。

关于养生补品，最容易被忽悠的消费群体就是退休在家的老人。加之一些不法商人打亲情牌，也就使得很多老人天天往家里买一些用也用不完的养生补品，很多子女也没少与自己的老爸老妈怄气。

当然，我们投资者绝不能与这些忽悠人的无德商人为伍，我们要寻找的是有德行的上市公司。关于滋补养生，除了前文提到的东阿阿胶，片仔癀这家公司的产品不仅有治疗肝病的确切疗效，更有保肝护肝的作用。2015年出版的我国首部《中国脂肪肝防治指南（科普版）》披露，当时我国成人脂肪肝患病率达12.5%~35.4%，脂肪肝已成为我国第一大肝脏疾病，而且还有上升趋势。《美年健康2023年健康体检大数据蓝皮书》中提到，在对选取的2023年全国（除港澳台）31个省、自治区和直辖市的成人样本（17 358 927名）进行体检数据分析后，结果显示，脂肪肝标化检出率为39.1%，其中男性标化检出率为51.4%，女性标化检出率为26.4%，这么大的数据占比可真有点儿吓人呢！

那么，片仔癀在这个方面的功效，是不是决定着它会有很大的想象空间呢？据说现在一些有钱人，每每喝白酒之前，就先吃上点儿片仔癀，一者酒量会增加，再者会起到保肝护肝的作用。所以片仔癀这个"国宝"，一方面是药品，一方面具有养生保健的属性，还真的不可小觑呢！

此外，在《黄帝内经》这部不朽的经典著作之中，古人就提出了被现代医学认可的理念，即上工治未病，而中药在这个方面更是有着不可替代的作用。所以，关于养生的赛道，也可以循着这个方面去寻找，比如养胃的，保护心脏的，治疗骨关节疼的，大凡能够治疗或者预防老年人退行性病变的养生保健品，只要我们深入研究追踪，说不定就能够逮住一些大牛股、长牛股。

此外，还要说一说A股上市公司中的一些知名的中医药股，据我长期观察，它们近两年似乎正处于一个行业周期的低点。万物皆有周期，只是时间长度不同，特别是一些具有奢侈消费属性的知名中药产品，与宏观经济发展周期有些关联。同仁堂的安宫牛黄丸、片仔癀的主导产品过往这些年价格屡屡上调，这种定价权给相关上市公司带来了一些潜在的利好。中医药本身就有国家政策大力支持，加之行业周期的转机，这是不是又有投资机会值得我们去挖掘呢？

一些具有保健、养生产品的医药类上市公司走成长牛股、大牛股，历史已经证明了它们也是投资的一个好赛道，随着老龄化社会的到来，各种慢性非传染性疾病（比较突出的是心脑血管病、糖尿病、高血压等）呈井喷之势，养生赛道只会加宽，不会收窄，这似乎也是一个不争的事实。所以，我一直看好这个赛道。

医药赛道——逃避不了的不情愿消费

人这一辈子最不情愿的消费便是花钱看病了，但这又是人人逃避不掉的。生病了不舒服不说，还得花钱甚至倾尽一生的积蓄去看病，这不仅是不情愿的问题，更是痛苦无奈了！

理查德·道金斯在其著作《自私的基因》一书中告诉我们，从基因传承的角度讲，我们一旦生育了下一代，作为"基因机器"的生命体就已经完成"历史使命"了。但是，大多数人的"历史使命"完成之日，集中于二三十岁这个年龄段，至活到天年（120岁）而去，尚有大几十年的时间，特别是随着科技的发展，我们人类的预期寿命是越来越高的，所以，我们对自身这个"基因机器"还是要十分珍惜的。但是不管我们怎样珍惜，生老病死又是不可改变的自然规律，所以，生病看病就成为我们要面对的大问题。

有关的数据表明，人这一生80%的医药费是花在70岁以后的，即花在生命的最后阶段。特别是我们国家进入老龄化社会，在今天逐渐要步入退休年龄的"60后"进入老年之后，大街上每三人之中，就会见到一个老年人。所以，按照常识想一想，吃药看病将是一个多么广阔的赛道！

然而投资医药企业（这里主要是指西药），一是专业性很强，二是医药企业受国家政策影响很大（如医药集中带量采购政策），三是我们国家有巨大的人口基数，"三保"（城镇职工、城镇居民、新农合）目前还处于"全覆盖、低水平"阶段，所以，药品降价可能会成为长期的主基调。因此，对普通投资者来讲，投资于医药股的难度着实不小。如果看好这个赛道，最好的办法就是按照巴菲特的建议，选取一组龙头，如制药企业的龙头、医疗器械的龙头、细分领域的龙头等。特别是哪家医药上市公司有潜力研发出重磅的创新药品，那就更值得研究关注了。

就花钱看病来讲，还有一个地方是我们从一出生就离不开的，即医院。然而，在当下公立医院占主导地位的情况下，大家去公立医院看病，不要说挂大城市的专家号不易，就是地方城市的二级、三级公立医院，也常常是人满为患，即便是费用较高的专家号、特需号也是一样的排队等待流程（目前我们仍然缺乏足够的专属高端医疗服务）。尽管如此，由于公立医院有政府信用的背书，其强势的竞争地位还是一时难以撼动的。在这种情况下，社会资本进入医疗服务领域，最容易成功逆袭的就是专科医疗服务了，所以，我们看到通策医疗、爱尔眼科等专科连锁医院近些年始终处于快速发展中。医疗行业内有个行话是"金牙银眼"，就是说，"牙"和"眼"这两个专科是最赚钱的领域，所以，在可以预见的未来，牙科、眼科等专科连锁医院的成长空间是不可小觑的。

尤其要看到，就优质医疗资源来讲，我们国内多数地方仍然处于供给不足的状况，这就为社会资本进入优质的专科医疗领域提供了更大的拓展空间。就复制速度来讲，眼科医疗对于先进设备的依赖性更强，所以复制速度更快些；但人们对口腔连锁也是有极大的需求的，特别是对于一些老年人群，由于口腔保健知识普遍"先天不足"，且不要说到80岁达到世界卫生组织的牙齿健康标准（到80岁，仍有20颗功能牙，也叫"8020"计划），很多人在中年时期就不剩几颗健康牙齿了，所以，口腔服务这一块儿蛋糕实在是太诱人。此外，就复制速度来讲，健康体检公司也是有望在医疗服务市场分得一杯羹的，所以，健康体检类的上市公司也值得关注研究。总之，医药、医疗等大健康服务领域是确定无疑的、很好的、很宽广的赛道，是需要投资者自己去深入挖掘的。

如果说西药企业研究起来比较复杂，有一个赛道对我们更简单，且万万不可忽视，这就是前面已经提到的中医药类上市公司。纵观A股的中医药上市公司，有点类似于白酒行业，说来说去还是行业内那么几个知名品牌，如同仁堂、云南白药、片仔癀、东阿阿胶、白云山等，这个赛道的行业壁垒也是相当高的，因为这些知名品牌的中医药上市公司，多是具有深厚的历史文化底蕴的，其美誉度也早已深深扎根于消费者、患者的心智中，其护城河之深不言而喻。更为主要的是，这些知名中医药品牌不需要太多的研发投入，它们仅仅依靠着老祖宗留下来的传统工艺或者绝密配方，就可以活得比大多数医药企业更滋润。打开年K线图一看，这些中医药类的上市公司，差不多个个是长期大牛股，给它们的长期投资者带来了丰厚的收益。对于这一"共生"现象，投资者切不可不察也！

我们投资的时间越长，越要降低投资难度，也就是要寻找那些简单易懂的公司去投资。如果西药类的上市公司对我们来说太难懂，我们就可以将其归为"太难"之类进行规避，不如专注于投资这些知名中药品牌的公司，因为这些公司的业务简单易懂，而且类似于消费企业投资。

至此，投资的五条好赛道，就全部论述完了。好的赛道当然绝不仅仅是以上这些，每个人要根据自己的能力圈去上市公司中挖掘。但有一点是需要重复强调的，这就是：选择行业赛道是战略性问题，选择个股是战术性问题（有时选择好赛道的龙头股就可以了）；好股的选择是战略性问题，估值是战术性问题。所谓战略性问题，就是要让自己站在整个资本市场的全局和长远看问题，切忌一头扎进一个细小的领域出不来，甚至在一些不好的行业或细分赛道里越陷越深，造成自己多年的投资成绩很平庸。同时，还要强调一下，投资者一定要善于理解人性的底层逻辑需求，从我们人的"眼、耳、舌、鼻、身、意"这六感出发去甄选好的赛道和好的投资品类，进而从中发现具有"历史恒定"性质和可持续竞争优势的优秀企业去投资。

扭住投资的根本逻辑

很多人选对了股票，但是拿不住，这是一大痛点。为什么拿不住呢？简言之，就是"两关"没有过好：一是市场波动关（也可以称为人性关）；二是商业洞察关，其主要失败原因还是商业洞察力不够，因为如果搞清楚了所投企业的根本逻辑，波动关也就不难过去了。所以，投资者如何过好商业洞察关，就十分有必要谈谈。

投资朋友"梁孝永康"（网名）曾在网上发表了一篇精辟的帖子，很值得我们玩味。抄录如下：

投资者在对一个企业进行分析时容易陷入一种"复杂计算的安全性假象"中，即喜欢算得特别细，用各种复杂的计算公式估算出企业经营的每一个变量，精确计算每一个财务细节。似乎这种大量的演算能带来某种心理上的安全感，但这毫无疑问是一种心理上的海市蜃楼。

就好像很多不知道自己要做什么的人，他就会通过让自己忙起来，制造一种我很努力，积极向上的假象来麻痹自己内心的空虚和对未来的迷茫。真正能理解企业，理解自己的人，他能看到最本质性的东西，他知道什么才是最核心的，自己该去做什么，而且无论世人的方向如何变化，他都能风轻云淡，处变不惊。

这段话说得多么精彩啊！

确实，有些人在企业分析中不可谓不用功，恨不能对年报、半年报、季报中的一些小数点提出疑问，通篇的企业分析也是罗列一大串数据，真可谓全面、细致，然而市场上一有风吹草动，这些分析似乎就全不管用了，结果是很快地"缴枪投降"，将很好的股票统统割肉卖出了。

为什么会出现这种"复杂计算的安全性假象"呢？一言以蔽之，就是他们的这种分析没有扭住企业分析中的根本投资逻辑。

一家企业再优秀，其增长速度也不会是呈匀速直线上升的，波浪式前进才是企业发展中的常态，比如，有的年份增长可能快些，有的年份增长可能慢些，甚至也不排除因为内外因素的变化而造成一时经营上的困境与磨难，这是由企业外部环境以及企业内部各种因素综合决定的，也是不以人的意志为转移的，甚至也不是以企业管理层的意志为转移的。那么，对企业的分析，我们的眼睛仅仅是盯着企业这些如同波浪般前进的经营数据吗？显然是不能的，真正的企业分析应该是通过对这些事实和数据的剖析，通过对各种信息最大程度的占有，进而剥离出其底层的根本投资逻辑，然后再根据这种逻辑分析决定是继续持有还是卖出。这才是企业分析的正确态度和恰当的方法。

这里话题扯远一点。

爱因斯坦在1919年写的一篇文章《物理学中的归纳与演绎》，也给我的投资以很大的启发。我们知道，一些科学理论主要依赖于归纳，即对许多实验结果进行分析，寻找能够对它们做出解释的理论。另一些则更加依赖于演绎，即从若干神圣而优雅的原理和假设出发，由它们导出推论。任何科学家都在不同程度上同时使用这两种方法。不过，在这篇文章中，作为理论物理学家的爱因斯坦描述了他对演绎方法的偏爱，他说："通过直觉把握大量复杂事实的本质，科学家可以提出若干假设的基本定律，再由这些定律导出他的结论。"这句话看起来与股市投资风马牛不相及，但是细细思量，其实在投资中我们也会自觉或不自觉地运用这两种思维方法。比如，我们通过归纳，可以大概率地知道长期大牛股的出没之地；通过演绎，可以推演、展望企业发展的未来趋势。

当我们研究分析一家企业之时，最重要的就是要善于通过这种逻辑推演（更多的时候是用演绎法），分析这家企业所处行业未来发展的大趋势，以及这家企业在行业中处于一个什么样的位置；分析这家企业的商业优势究竟是具有经济特许权，还是在"无中生有"中创造出了自己的长期竞争优势；分析这家企业的商业模式为什么使竞争对手无法超越，是否可持续，是否具有永续经营的长寿基因；分析这家企业的产品或服务是否"不可救药"地牢牢侵占了消费者的心智；分析这家企业的管理层是否诚实、诚信等。无论是定性分析，还是定量分析，最终的落脚点，都应该归结于上述几条根本的投资逻辑，可以说，我们分析这些根本逻辑越深入，认识越清晰，才越容易抓住本质性的东西，不至于一有风吹草动就当"逃兵"。

作为企业的外部人员，我们不可能穷尽所有信息，但投资就是在信息不完全、不对称的情况下，尽自己最大可能做出接近正确的决策，而唯有抓住，最好是"扭住"上述几条根本投资逻辑，我们才最有可能接近于正确。

今天的网络十分发达，通过网络我们不难发现，有些所谓的价值投资者，实际上更多的是"年度价投""季度价投"，他们的关注点更多集中于企业经营数据的波动，一旦企业的增长数据不如所谓的预期，就惊恐起来。可以说，他们有时能够经受住市场的波动，但又常常经受不住企业发展过程中的业绩波动。他们不是在投资的波浪中去"冲浪"，而是想精确抓住每一个波浪的高点和低谷，这实在是一种本末倒置、舍本求末的做法。

空泛的议论容易让人不过瘾，似乎也缺乏一些说服力。下面，仍以东阿阿胶为实际案例做演绎分析。

2019年公司净利润从此前两年的20多亿元，下滑至亏损4.56亿元，此后三年净利润分别录得4 329万元、4.4亿元、7.8亿元，当时称之为业绩"爆雷"并不为过了。过去一向"浓眉大眼"的公司为什么显得如此"丑陋不堪"了呢？明眼人已经看出，它过往多年的激进提价模式造成渠道库存积压，进而形成了今天经营的恶果。那么，东阿阿胶还有未来吗？如果单纯分析它的财务报告，可以说已经没有什么意义了，甚至应该因此放弃投资这家公司，但如果从逻辑上进行推演又会如何呢？

产品是否符合未来发展的大趋势

随着东阿阿胶股价的大幅度下跌，网上可谓一片骂声，诸如"智商税""水煮驴皮""安慰剂"等，不一而足。然而，阿胶产品果真如他们所骂的那样一点效果也没有吗？事实胜于雄辩，流传了千年之久的东西，从某种程度上也是一种大数据样本，也足以证明其产品绝非安慰剂。不要说请教一些中医专家，实际上据我身边人的事例，就表明其产品在滋补养生方面还是有些效果的。比如，复方阿胶浆气血双补，对于改善睡眠，改善冬天手脚冰凉等症状，以及对一些癌症病人缓解癌因性疲乏是有一定效果的。科学的发展总是面对着未知的世界，有些东西也是科学一时难以破解的，难道我们就该因此而否定吗？这恰恰不是一个科学的态度。

退一步讲，就是阿胶产品的功效没有广告宣传的那般神奇，但消费者的认知世界里是有黑洞的，认知即事实。阿胶产品在消费者心中的认知，诸如滋补养生、美容之"卖点"，已经十分牢固了。这种心智占位，也是符合某种人性需要的，更是一时难以改变的。我们已经知道，凡是能够满足人性某种需要的生意，便是一门好生意、长寿生意。阿胶产品显然就有这种属性。

品牌势能是否依然存在

据有关数据统计，生产阿胶产品的企业已达100家。东阿阿胶面对着一众竞争对手，而且有些竞争对手不仅抄袭、模仿其产品，甚至还掺杂使假，做着一些毫无底线的勾当。在这种形势下，作为中药"道地"地位的东阿阿胶是否还具有原本的品牌势能呢？事实与数据表明，作为阿胶第一品牌，东阿阿胶的产品质量在消费者心中的口碑是没有改变的。阿胶块多年来的网络销售名列补益类第一名，只是有些消费者感觉价钱有些贵了。试想，在这种情况下，东阿阿胶只要肯降低价格，市场占有率是不是就会上升呢？

公司渠道出清之后，结果会如何

东阿阿胶财务报告一度难看，某种程度上是"人祸"。当然，公司公告的说法是控制发货，清理渠道库存。可以想象一下，如果公司的渠道库存清理完毕，公司是不是又重拾增长呢？到那时，市场先生又会做出什么样的反应呢？

其实以上这些问题，我们只要稍微动一动脑筋，是不难想明白的。当然，投资于东阿阿胶的根本逻辑也不仅限于以上几条，但是我认为，只要厘清上述几条根本逻辑，便很容易利用这种"王子遇难"的机会，"暗服阿胶不肯道"！结果，就如市场人士普遍看到的，公司2022年实现净利润7.8亿元，2023年实现净利润11.51亿元，随着净利润的回升，其股价也从底部缓慢上升，并创出历史新高。甚至东阿阿胶因前两年的股价上涨而成为A股普跌下的一道亮丽风景。

逃脱不掉的"周期"

霍华德·马克斯在《周期》一书中大致分析了三大类周期：第一类是基本面周期，包括经济周期、政府逆调节周期、企业盈利周期等；第二类是心理周期，包括心理钟摆和风险态度周期；第三类是市场周期，即所有周期（上述三大类周期下还细分为9

种周期）集中到资本市场，最终的表现为市场周期。

读罢此书，不由得让人思考，作者在书中描述的这些周期，我们普通投资者究竟能不能逃脱呢？应该说，周期总是在事后显现，经济周期也好，行业周期也好，企业经营周期也好，实际上我们在绝大多数情况下都无法逃脱。我们投资者本身就处于种种周期中，诚如这本书的译者所总结的："投资者应对周期有局限性，其原因有两个：人不是神，能力有局限；而且有时候，人算不如天算。要成为一个完美的投资者，关键在于认识自己的局限性。"

译者还指出："其实这本书只有一句话：周期永远在。我们投资失败，往往因为觉得'这次不一样'，其实后来才发现，这次还一样。做投资，你可以什么都不相信，但你必须相信周期。只要有人在，就有周期。正如马克·吐温的那句名言：历史不会重演细节，过程却会重复相似。"对于这一点，我深为认同。

我们能够逃脱市场周期吗

2007年10月上证指数涨至6 124点，很多所谓的专家在畅想什么呢？中国股市万点不是梦！我想经历过的投资者一定不会忘记那个时刻的，而且当时中国上市公司的总收入平均增长速度确实很快，似乎能够支撑这个畅想，然而谁能够料想到2008年伴随着次贷危机的发生，在一年的时间内一下子跌至1 664点！

2015年A股终于迎来了一个牛市，然而随着杠杆泡沫的破裂，更是出现了一场历史罕见的"千股跌停、千股停牌"的大

"股灾"。当时如果不是政府出手救市,其后果可以说是不堪设想的。

长期以来,A股市场都容易受到政策影响。2018年,由于中美贸易摩擦的影响,叠加去杠杆的政策实施,A股又由年初的喜悦时刻陷入"至暗"时刻。

2020年开始,许多投资者确实也享受了一段好时光,然后随着"茅指数""宁组合"两个泡沫的破灭,A股又陷入几年的长期调整、低迷期,国家因此推出了一系列的救市举措,直至2024年"9·24"的行情逆转。

以上这些周期,我们普通投资者能够逃脱吗?除了在极端的泡沫期,少数的理性投资者能够做到清仓,大多数普通投资者是逃脱不掉的。

我们能够逃脱行业周期吗

2012年左右,很多人畅想白酒行业的"黄金十年"到来,然而在此之前相当长的时间内,很多市场人士是将白酒企业视为"传统企业"的,并不重视。2012年,随着白酒塑化剂风波,以及反腐大形势,白酒行业更一落千丈,被市场普遍抛弃。2015年左右,随着茅台、五粮液等白酒公司的业绩恢复增长,其股票价格也开启了一轮波澜壮阔的大幅度上涨,但投资者更多的是投来艳羡的目光,并未跟随。要知道,2012—2014年,一些身处白酒行业的人士也不看好白酒行业。最明显的例子是,2013—2014年,五粮液做定向增发,想捆绑经销商去买公司的股票,但当时经销商几乎没有想参加的。想一想,当时连业内人士都不看好，更何况普通投资者呢？再一个明显的例子是，今天上千元的飞天茅台酒一瓶难求，然而在白酒行业那段"黑暗"的日子里，渠道里 800 多元一瓶的酒却是卖不掉的。

时间来到 2021 年，茅台的股价在 2 月创下历史新高之后，又开始了三年多的向下调整，其他白酒上市公司的股价更是纷纷跌入低谷，但是在 2021—2023 年多数白酒类上市公司的业绩是良性增长的，而且有的增长幅度还不小，但是股价一浪低过一浪，跌到一定幅度市场人士才普遍"醒悟"过来，原来白酒行业又进入了新一轮的行业向下调整期。

医药大健康行业被称为永远的朝阳产业，似乎周期性弱些，甚至好像没有周期。然而，万物皆有周期，只是强弱不同。随着《国家组织药品集中采购试点方案》等政策的实施，一方面确实让一些医药企业承压，另一方面投资者的心理层面也发生了很大的变化，于是，近几年很多医药上市公司的股价又纷纷做"自由落体运动"。

任何行业均有人参与，政策的变化、外部的扰动等因素，包括投资者心理的波动等，均会给行业的发展带来周期性波动。对于这些周期性波动，无论波动大小，在大多数情况下投资者是无法提前预判，并有效规避的。

我们能够逃脱企业经营周期吗

很多企业经营是利用财务杠杆的，这一特点决定了其经营也呈周期性波动，而且有时波动比整个行业波动更大。特别是企业均处于行业周期的波动中，企业作为周期的本身更是对行业周期的波动逃避不开的。对于这种周期性波动，不要说我们企业外部人员，就是企业的管理层有时也是难以预料到的。

面对无法逃脱的周期，投资者又该如何是好

我自认为，除在市场巨大泡沫时期可以考虑理性撤出或降低仓位外，最好的办法就是两个字：守拙。这种守拙，反而更能帮助我们应对各种周期，穿越各种周期。更为重要的是，这种守拙，从长期讲还可以规避"战术上的成功、战略上的失败"这种投资缺憾（有时从一个时间段来看，我们的卖出操作可能是成功了，然而拉长时间看，反而可能是一种更大的失败）。

当然，考虑到自己的心理承受能力，这种守拙的办法最好作为投资组合的应对策略，如此"东方不亮西方亮，黑了南方有北方"，从而不至于落个"全军覆没"的投资结局。

然而在具体操作中又如何守拙呢？

在我的《慢慢变富》一书的封面上，写有两句话，可以作为"守拙"的具体解释。

第一，股市长赢之道，是要用完善的投资体系管住自己。我们的投资要坚持"系统制胜"，而不是"结果导向"。这个系统包括选择、持有与卖出，如此让系统"管住"自己，进而让自己的投资由"人治"走向"法治"。这似乎是"愚"了些，却可以有效地摆脱我们人性弱点的困扰。

第二，投资没有什么秘密，就是与优秀企业风雨兼程。普通投资者很难做到在企业处于低谷时买入，而到高峰时卖出，那么选择与优秀企业风雨兼程，就不失为一种好的选择。

段永平的"不为清单"

段永平先生是著名的企业家，同时也是著名的投资大家，这在国内的投资圈是广为人知的。雪球网曾将段永平这些年的网络发言整理成电子书，名为《段永平投资问答录（商业逻辑篇）》，我立马下载下来，认真品读。虽然只是本电子书但依然对我的投资启发很大，特别是对理解企业的商业模式、企业文化等方面帮助很大。他的言论，往往是寥寥数语，就直达本质，确实让人感佩其"段位"之高。比如，在这本书的第七节，列举了他做企业时的"不为清单"，很值得玩味，对我们投资选股有很大帮助，下面就以"抄书"并略加点评的形式记录下来。

在"抄书"之前，先说明一下，普通投资者进入股市往往急于选择，其实在选择之前，应该先建立一个"负面清单"，即先划定自己不选择的范围，然后再解决投资什么的问题。

在2004年伯克希尔-哈撒韦的股东大会上，一位年轻股东曾问："怎样在生活中取得成功？"芒格说："别吸毒，别乱穿马路，避免染上艾滋病。"这貌似调侃，实际上反映了芒格负面清单式的逆向思维。与热衷于谈论成功的大多数人不同，芒格更擅长教你如何避免失败。

段永平说："人们关注我们往往是因为我们做了的那些事情，其实我们之所以成为我们，很大程度上还因为我们不做的那些事情。"

那么，他做企业时，有哪些"不为清单"呢？

第一，没有销售部，不讨价还价。 做产品主要是抓客户的需求，而不是价格。我们公司卖东西是没有还价空间的，所有客户都是一个价，不管生意大小，生客熟客。这样会避免很多麻烦，比如翻来覆去地谈价格，浪费时间等。

点评：主要是看目标客户的需求，我们在研究分析企业时也要重点关注这一点，即看这家企业是否为目标客户提供了好的产品和服务，这才是根本之根本。

第二，不做代工（OEM）。 关于做企业我举两个例子，不做代工，拒绝沃尔玛（注：当年他曾拒绝沃尔玛的很大订单）。沃尔玛要拧成本毛巾，给他做代工你会很难受，企业会被弄死。代工的产品没有大的差异化，很难有利润。

有网友感叹：在中国民营企业发展的初期，几乎没什么人拒绝做国际大公司的代工，但段永平从开始就选择了不代工的路子，并且敢于拒绝，这的确是让人感叹不已。

点评：注意其中的关键词——差异化。好的商业模式需要差异化。

第三，不借钱，没有有息贷款。 没有有息贷款，永远不会倒在资金链断裂上。芒格说知道自己会在哪里死去就不去那里，多数企业垮掉都是因为借了太多钱。

我们也不负债。负债的好处是可以发展快些。不负债的好处是可以活得长远。再说，一般来讲，银行都是在确认你不需要钱时才会借钱给你。

贷款和用杠杆，赚钱快，赔钱更快。常在河边走，哪能不湿鞋，湿一回鞋就湿一辈子，为什么要冒这个险呢？有些机会总是要错过的，只要保证抓住的是对的，就足够了。我们过去的大部分竞争对手都消失了，我们还健在，道理也许就在此。

点评：在我们的投资中，用闲钱、不用杠杆是一个原则性问题，而原则性错误是不能犯的。

第四，不赊账。

第五，不拖付货款。我当首席执行官（CEO）时曾在一次供应商会议上向所有供应商提供了我的手机号码，告诉他们如果有人不守信就可打我的手机投诉。结果一直没有人打过。

点评：做企业讲诚信才符合"天道"。巴菲特也不是"万恶的资本家"，相反，他也是将诚信放在经营之首，他对待股东像对待自己的亲人一样。诚信乃经营之本，对不讲诚信的上市公司一定要坚持"一票否决"。

第六，不晚发工资。不仅不晚发工资，而且以前OPPO离职的员工是照常发年终奖的，其中一位主动离职超过半年的员工就意外收到前东家发的12万元年终奖。

过去20多年都是如此，那是契约精神，没什么好说的。

点评：段永平先生说得很"云淡风轻"，但这是企业好文化的一种生动体现，有这样的"东家"，员工怎能不"死心塌地"呢？！

第七，不做不诚信的事情。信誉不是讲讲而已，只有需要付出代价的时候，才知道谁是讲信誉的。不诚信的公司大概率不会有好下场。

点评：诚信大概就是段永平倡导的"本分"，无论做人、做投资，还是做企业均应如此，但纵观A股的一些上市公司，恰恰缺少这种"本分"，投资一定要远离这种公司。

第八，不攻击竞争对手。我们公司不会把干倒谁作为目标，也不会把市场份额、销售数量及排名作为我们的目标。我们追求的就是改善用户体验，做出最好的产品，其他都是水到渠成的事情。

点评：做企业如做人，你的敌人正是你自己，与其战胜别人，不如战胜自己。不攻击对手，是一种大智慧、大聪明。

第九，不打价格战。低价是条最容易走的路，也是一条最难走的路。很少有人明白，低价是不会扩大市场份额的，被迫降价只是有机会保住市场份额而已。

差异化越小的产品越容易陷入价格战。价格战的最后结果往往是优而不胜，比如汽车业和航空业。

点评：找那些具有差异化产品和服务的优秀公司去投资，胜算才大。因为有差异化，不容易陷入价格战。

第十，不谈性价比。"性价比"其实就是为性能不够好找借口，我也是花了很多年才突然想明白的。长寿公司不太强调"性价比"这个概念，因为老百姓心里有杆秤：好货不便宜啊。

一定要把重心聚焦在用户上，也不是我们非要做高端或低端产品，只是把自己能做的事情做好了，满足了一部分人的需求。即使是苹果公司，也没有满足所有人。

点评：不追求性价比，是不是颠覆一般人的认知呢？

第十一，不做没有差异化的产品。没有差异化的产品是很难长期赚大钱的。苹果公司之所以赚到大钱，是因为苹果公司是卖苹果手机的，其他同理。简单讲一下差异化，就是用户需要但其他竞争对手满足不了的某些东西。

点评：段永平说，2006年他花费62万美元与巴菲特吃了顿饭，巴菲特告诉他，投资最重要的是看商业模式，就这一句话，这顿饭值了！当然，这是段永平幽默的说法，旨在强调商业模式的重要性。何谓差异化的商业模式，段永平也做了解释，值得我们投资者背上 100 遍！

第十二，不参加展会。

第十三，不弯道超车。 有网友问段永平，如何看待企业的跨越式发展，弯道超车？段永平回答说："超车是提高翻车率的有效办法。"段永平认为，下围棋取胜最大的秘诀不是如何下出高招，而是能够自始至终下出本手，不出错，等着对手出错。办企业也一样，你看死掉的企业哪一家是被别人打死的？还不都是自己犯错死的！世界上的长青企业，哪一家不是中规中矩地按照企业规则在运作？大浪淘沙，最终能在世界上站住脚的中国企业，一定是严格按照企业规则办事的企业。

点评：我阅读了著名财经作家吴晓波的《激荡四十年》《大败局》，回头看许多我们曾经熟悉的所谓知名的企业如今都消亡了，如果寻找原因，从段永平的这段话中就能够找到。

这警醒我们投资者，投资就要寻找那些"踏实""专注""中规中矩"做事的优秀企业，对那些急躁冒进，动不动就喜欢搞跨越式发展、弯道超车的上市公司要谨慎。

第十四，不收购和兼并。 关于并购，我可以讲一下我的简单理解。如果本着"要做强则要做大"的想法并购，那结局一定是很难看的。

有网友提到美的发展很快，因为它的收购和并购都很成功。段永平说："我们不会非朝着收购和兼并这条路去发展。我们的办法短期看好像慢很多，但从一二十年的角度来看，有可能是最快的。"

点评：我的主账户曾持有格力 14 年，女儿的账户持有 5 年多了，目前仍持有。我偏爱格力那种不赚快钱、不怕吃亏的工业制造精神，以及完全依靠自主创新，追求产品品质的企业文化。从毛利率、净利率等指标上看，格力也一直高于其他白色家电企业，特别是格力上市以来一直注重对股东进行分红回报，堪称A股的良心企业。我甚至判断，在"后董明珠时代"，格力的这种企业文化大概率也会传承下去。

白色家电行业是我国最早放开竞争的行业，目前来看，三家白色家电上市公司（包括海尔智家）都是在过往几百家企业的惨烈竞争中生存并发展壮大下来的，依然发展不错，给它们的长期投资者带来了不菲的投资收益。对于上述三家白色家电公司，从发展阶段看，超高速发展的阶段已经过去了，目前已处于"相对成熟"期，均在向国际化拓展，或许中国的制造业走国际化的路子在白色家电领域更容易找到突破口，这一点，值得投资者长期跟踪观察。

第十五，不多元化。 我不赞成一般意义上的多元化，尤其不赞成为多元化而做的多元化。有很多公司在经历了一段不错的发展后，为了分散风险，开始搞起了多元化，结果有些公司很快就忘记担心风险问题。A股有些公司就有这个问题，看着利润不错，可老是不知道怎么用这些钱。一看他们多元化我就有点晕。

点评：投资要躲开那些多元"恶化"的公司。

第十六，不关注市场占有率，不关注销售排名。 我们最关心的是消费者体验，而不是行业排名，不然就容易犯一些很奇怪的错误，比如发动价格战等。占有率是结果，不是不重要，但不能盲目追求，否则以后有麻烦。有点像国内生产总值（GDP），重要但不能盲目追求。

点评：消费者作为一个群体是十分聪明的，因为消费者最终总会知道哪些产品和服务是好的。"金杯银杯，不如老百姓的口碑"，就是这个道理。

第十七，不盲目扩张。扩张的时候要谨慎。我把这个叫足够的最小发展速度，就是兼顾足够和安全的意思。多数人在扩张时用的都是所谓的最大速度，最后一个不留神就翻车了。

点评：我先前以为只有在股市中，人性的弱点才不容易克服掉，比如，股市行情好，有人赚了大钱，不免膨胀起来，以为自己很有本事，并加大资金量，甚至加杠杆，然后就没有然后了。在企业家中，有很多所谓的企业家也是克服不了这种人性的弱点的。

第十八，不赚快钱。

点评：不赚快钱，就是在安全的情况下，追求复利，慢慢变富的意思。"慢就是快"正是投资的道理，这体现的是大智慧。

第十九，不虚夸产品。营销不是本质，本质是产品。最不好的广告就是夸大其词的广告，靠这种广告营销的公司都不会有好下场，因为消费者是个极聪明的群体。广告对消费者产生的影响只有20%左右，其余全靠产品本身。

点评：回想一下中国改革开放40多年，有多少曾经风光一时的品牌都死掉了，他们利用铺天盖地的广告忽悠，结果很多企业最后把自己忽悠没了！

段永平的"不为清单"，是不是特别简单易懂，一点也不深奥呢？有网友评论道，看了段永平的这些做企业的"大道"，感觉与做人是一个道理。的确如此。

一位网友曾经问段永平研究企业的技巧，段永平回答说："我做了20年的企业，也没有什么技巧。"确实，我们看一看，真正优秀的企业做起事来，确实也不存在什么"技巧"啊！

研究企业的着眼点和落脚点究竟放在哪儿

投资真是一个"看山是山，看水是水；看山不是山，看水不是水；看山仍是山，看水仍是水"的过程。比如，投资这些年，自己研究企业究竟是研究什么呢？是研究一家企业的商业模式、企业文化吗？当然，这些很重要，但我认为这并不是着眼点和落脚点；是通过定性分析，分析出一家企业的成本、规模、转换成本、网络效应、商誉、经济特许权等优势，并通过研究财务报告做定量分析，加以证实吗？这些很重要，但我认为这并不是投资的着眼点和落脚点；是通过长期的观察，看一看管理层是否诚实可靠，并对我们小股东友好吗？这些也很重要，但我认为这也不是投资的着眼点和落脚点。

那么，作为企业的外部投资者，我们分析一家企业的着眼点和落脚点究竟放在哪里呢？

回答是"着眼点"和"落脚点"要看它的产品与服务能否长久地、牢牢地占据消费者（目标客户）的心智，如果说投资更需要常识，我认为这一点就是，只是我们在分析研究企业中，有时"路途"走得太远了，反而容易忘掉这一常识。

茅台在国人心中一直有"国酒"地位，根本原因还是在于其产品无与伦比的品质，而正是因为这种无与伦比的品质，才成为饮酒者心中最好的酒，进而再附加一些其他因素成为国人心中的"国酒"。

茅台的酿造工艺来源于20世纪50年代，茅台第一位功勋级人物郑义兴奉献的其家族六代人遗传下来的酿酒工艺，今天对茅台了解的人所能背诵的"端午制曲、重阳下沙、九次蒸煮、八次发酵、七次取酒"等核心工艺，就是郑义兴无私奉献出的祖传工艺。由于茅台一直实行"师徒传帮带"制度，后来郑义兴的徒弟李兴发，又将自己掌握的传统工艺传给了徒弟季克良。正如前文所指出的，季克良与他的师傅以及师傅的师傅最大的不同是受过大学教育，也就是茅台人心中的"文化人"，当然他也不负众望，最终实现了从工匠到大师的飞跃，将茅台的传统酿造工艺不断条理化、理论化，从而使茅台的品质"固化"，并可以扩大再生产，于是才有了我们今天喝到的茅台酒。

可以想象一下，如果不是茅台酒具有无与伦比的品质因素，它所谓的收藏属性、金融属性、不可复制属性等也就不复存在了，正所谓皮之不存，毛将焉附？

正像伟大的作家和艺术家终其一生追求创造传世作品一样，一家企业的优秀或伟大也一定是因为它创造出了消费者（目标客户）心中好的产品和服务。苹果公司之所以伟大，就是因为它创造了改变人类生活方式的苹果产品；腾讯之所以有今天的网络效应（客户转换成本），就是因为张小龙团队开发出了"微信"这一几乎人人离不开的产品和服务。这个道理是十分浅显的。

所以，这就给我们研究和投资一家企业提供了着眼点，即我们在投资一家企业之前首先要追问：它是不是给我们消费者（目标客户）提供了好的产品和服务？如果是，我们便可以深入研究，进而去定性、定量地分析它的商业模式、企业文化、管理层的品行，以及它究竟具备护城河中的哪些因素，它未来大概会产生多少自由现金流等。把这些东西研究"完备"了（包括研究行业数据、竞争对手等材料），其落脚点仍然落到它提供的产品与服务是不是可以长久地、牢牢地占据消费者（目标客户）的心智,如果回答仍然是,那么恭喜你,你很可能已经找到自己心仪的长期投资标的了。应该说,这才是我们投资者研究一家企业时所需要完成的"闭环",或者说是正确路径,而不是其他。

这里强调一下,要注意其间的两个修饰词,即"长久地""牢牢地"占据消费者(目标客户)的心智,有此两点,这大概就是巴菲特所说的消费独占了。一家企业只要能够做到这两点,它一定会保持其长久的、旺盛的生命力。为什么呢?因为"得消费者(目标客户)心者得天下",这是一条颠扑不破的真理,也是人民史观(人民群众才是真正的英雄)在企业长期发展中的具体体现。如果我们研究和投资企业有"金钥匙",我认为这一点就是。我们抓住了这一"金钥匙",也就抓住了长期持有、长期观察这家企业的"牛鼻子"。

怎样理解企业的自由现金流

买股票就是买公司,就是买入一家企业未来现金流的折现值,然后是句号。"然后是句号"是段永平先生加上的。加这句话是因为投资完全可以简单地归结为这么一句话:凡是从现金流折现模型出发而买入一家公司的股权资产的,则属于投资;凡不是从现金流折现模型出发而买入的,则属于投机。正如段永平所说,投资就一种,即投资一家企业未来现金流的折现值,而投机则有各种各样的玩法。这段话里的"现金流"指的就是自由现金流,通俗地讲,也就是一家企业为股东赚取多少真金白银,或者说,是公司可以"自由"支配的现金流。

对一家企业进行估值的"核秘密""核按钮"究竟在哪儿呢？说穿了，就是这个未来现金流的折现值，因为从中可以推导出一家企业商业模式的优劣，把这个问题理解透了，估值就不再难倒英雄汉。

当然，并不是真的让我们去计算这个未来现金流的折现值，如果那样做未免就有些书生气了（当然计算一下也没有坏处，只是计算结果恐怕连你自己也不会相信），这里关键是一种思维模式。

但一家企业产生多少自由现金流，能不能通过财务报表准确地计算出来呢？不厘清这个问题，我们头脑里仍然会是一本糊涂账。

有点财务常识的人知道，财务报表中的净利润并不是真实的股东利润，更不能理解成企业的自由现金流。

巴菲特在1986年致股东的信中提出，股东利润等于利润表中报告的净利润加上折旧、摊销以及其他非现金性支出，然后减去企业为了维持长期竞争地位和现有经营规模所需要的资本开支，如果需要额外的营运资本来维持长期竞争地位和现有的经营规模，这部分增量的营运资本也应该被包括进来。

巴菲特提出的这个"股东利润"，才是可以被称为自由现金流的。可见，自由现金流可以用如下公式来表示：

自由现金流 = 净利润 + 折旧、摊销等非现金性支出 − 维持性增量营运资本 − 维持性资本支出

那么，一家企业为什么必须有维持性资本支出呢？巴菲特在1984年致股东的信中，进行了详细的解释：

并非所有的盈余都会产生同样的成果，通胀往往使得许多企业尤其是那些资本密集型企业的账面盈余变成人为的假象。这种受限制的盈余往往无法被当作真正的股利来发放，它们必须被企业保留下来用于设备再投资以维持原有的经济实力。如果硬要发放，将会削弱公司在以下几个方面的原有能力：

第一，维持原有的销售数量。

第二，维持长期的竞争优势。

第三，维持原有的财务实力。

所以，无论企业的股利发放比例如何保守，长此以往必将会被市场淘汰，除非你能再注入更多的资金。

巴菲特的这段话，给我们以深刻的商业启示：会计利润并不一定是股东能够"自由享受"的利润（自由现金流），有些企业为了维护自身的竞争地位必须将留存利润进行再投资，只有那些"非限制性利润"才是真正属于我们公司持有者的"股东利润"，是为股东赚到的自由现金流。

然而，一家企业的维持性营运资本的变化又如何进行计算呢？答曰：没有准确数字，因为财务报表之中并没有这个科目。严格地说，这些"维持性"的资本支出，在财务报表中是无法精确体现出来的。

正是由于上述的原因，我们可以得出结论：自由现金流不在财务报表中直接体现，我们只能根据不同企业进行大致的估算。但是，这种估算还有以下两个"精确的错误"需要规避。

第一种错误，计算自由现金流时完全不考虑维持性资本支出。 在华尔街，或者在我国的一些券商和债券评级机构，在给企业估值或者计算企业的偿债能力时，喜欢用"息税折旧摊销前利润"（EBITDA）这个财务指标，表面上很"精确"，但实际上没有将维持性资本支出计算进来，但正如上面谈到的，企业的维持性资本支出迟早是要付出去的，否则，企业的正常经营会出问题。

芒格在2020年《每日期刊》（Daily Journal）年会回答股东提问就曾直言："我不喜欢那帮投行家夸夸其谈什么息税折旧摊销前利润，这算什么利润？"

第二种错误，为了计算简便，高估了维持性资本支出。由于财务报表中没有维持性资本支出这个科目，有的投资者计算自由现金流时直接用"经营活动产生的现金流量净额"减去"购建固定资产、无形资产和其他长期资产支付的现金"，或者直接用"经营活动产生的现金流量净额"加上"投资活动产生的现金流量净额"，实际上这种计算扣除了所有发生的资本支出，因为有些企业的资本支出虽然很大，但并不是维持性的，而是生产性的，或者两者兼备。

比如，京东在全国各地建设了很多物流中心，在财务报表中是计算在其固定投资之内的，但是这些物流中心究竟是"维持性"的，还是"生产性"的支出呢？很显然，如果计算在固定投资之内，就高估了其维持性的资本支出，因为京东的物流中心也是经营中心，一旦在一个地方建设、卡位，就具有了一定垄断属性，而且其未来的边际成本是越来越小的（毕竟物流中心可以使用许多年），显然，对于京东，这些投资又具有生产性支出的属性。

一些水力发电厂建设的大坝等公共设施也具有这种特点，如一次性资本开支很大，一旦建成之后可以使用多年，有的甚至可以使用百年，不仅具有"生产性"，而且其边际成本越来越小。此外，一些制造型企业，其固定资本投资也具有这种特点。

那么，既然"生产性"和"维持性"支出如此难以区分，在我们估算一家企业的自由现金流时，会不会又成为一本"糊涂账"呢？

当然不是，巴菲特早已经"提诗在前头"——我常常说，投资有问题时就去"找"巴菲特。

巴菲特在2007年的致股东的信中，谈到了三类长期"储蓄账户"。

梦幻般的生意

巴菲特说："让我们来看看这种梦幻般生意的原型——我们拥有的喜诗糖果公司。盒装巧克力业的经营，一点也不会让人兴奋：在美国，人均的消费量非常低而且没有增长。许多名噪一时的品牌都已消失，并且在过去40年中只有三家公司赚到的收益是超过象征性的。"

1972年，巴菲特投资2 500万美元买下喜诗糖果时，年销售1 600万磅[①]，至2007年销售3 100万磅，年增长率只有2%。这35年的时间仅再投资3 200万美元，以适应它的适度规模增长，但其税前总收益却高达13.5亿美元，扣除3 200万美元投入成本后，所有收益都流入巴菲特的伯克希尔-哈撒韦公司。

所以，巴菲特喜不自禁地说，喜诗糖果开启了他们后来许

---

① 1磅≈453.59克。——编者注

多滚滚而来的新财源。喜诗糖果的投资成为巴菲特"从大猩猩进化到人类"的"认知资产",在巴菲特后来的投资生涯中,他常常念念不忘地谈到这笔对他启发很大的投资。

良好的生意

巴菲特说:"一个良好,但不出色生意的例子是我们拥有的飞安公司。这项生意要增长,需要将收入中的很大一部分进行再投入。当我们 1996 年买下飞安公司时,它的税前营运收入是 1.11 亿美元,固定资产的净投资是 5.7 亿美元。自从我们买下后,资本支出总计为 16.35 亿美元,其中大部分用来购买飞行训练模拟器,以配合那些经常被提及的飞机新型号。现在我们的固定资产扣除折旧后达到 10.79 亿美元,税前营运收入在 2007 年达到 2.7 亿美元,与 1996 年相比,增加了 1.59 亿元。这个收入带给我们的收益,对我们增加投入的 5.09 亿美元投资来说还不错,但和喜诗糖果带给我们的根本没法比。"

糟糕的生意

巴菲特说:"现在让我们来说说糟糕的生意。比较差的生意是那种虽然收入增长迅速,但需要巨大的投资来维持增长,过后又赚不到多少,甚至没有钱赚的生意。想想航空业,从莱特兄弟飞行成功的那天到现在,这个行业所谓的竞争优势,被证明纯粹是子虚乌有。事实上,假如当时有某个富有远见的资本家在基蒂霍克(莱特兄弟试飞的地方),他应该把奥利特·莱特打下来,给他的后辈帮一个大忙。"

巴菲特上述这番话是指他购买美国航空公司的糟糕案例,他感叹说:"可付款支票上的墨迹未干,美国航空就开始了盘旋下落。"

巴菲特谈到的三类长期"储蓄账户",给我们投资选择带来了很好的理论指导。简言之,商业世界有两类公司:一类是赚钱机器,包括梦幻般的生意、良好的生意;一类是烧钱机器,如糟糕的生意。在现实的商业世界,梦幻般的生意如皇冠上的明珠,是稀少的,而糟糕的生意可能更多。

那么,既然这个问题如此"烧脑",我们普通投资者,特别是不具备专业能力去分析财务报表的投资者,又如何选出这些好生意呢?

这里,我给大家一个最简单的方法,或者说是窍门儿,就是遵照巴菲特给出的"路线图",即寻找那些具有经济特许权、较少资本投入(轻资产)、更多依靠品牌等经济商誉赚钱的公司去投资。

当然,企业是一个复杂动态的生态进化系统,对企业分析的角度也要坚持辩证、动态。比如,我们偏爱那些轻资产的"常青树",但对于重资产的企业也不能说得一无是处。有时重资产可以成为潜在进入者的高门槛。有些重资产企业对产品和服务的"掌控力"也会更强,可以提供更好的用户体验。

此外,重视一家企业当下能否产生丰富的自由现金流固然是重要的,但是,一家企业"未来"释放自由现金流的能力也要注意去分析,因为,有时一家企业当下能够产生丰富的自由现金流,反而说明其已经过了生命的旺盛期,甚至进入成熟期、衰退期；而当下未产生丰富自由现金流的企业，有的可能正处于价值疯狂扩张期，其未来自由现金流有望释放出来。

芒格说，对一家企业的评估最后是哲学的评估。何谓哲学评估呢？我的理解是全面系统地，而不是片面单一的；是动态发展的，而不是机械僵化的；是定量的，又必须是定性的，并且是在定性指导下进行定量评估，而不是陷入数据主义的"锤子思维"（芒格说，在拿着锤子的人眼里，满世界都是钉子）。一言以蔽之，模糊的正确大于精确的错误。

市场先生的"能见度"有多远

市场先生理论是价值投资的开山鼻祖格雷厄姆创造的。也正是因为坚信这一理论，一些价值投资者似乎对市场有效理论嗤之以鼻，认为市场先生是愚蠢的，是不可理喻的。但是，现实的股票市场带给我们的困惑在于，有时市场先生又表现出"有效性"的一面，比如，当一家公司财务报表的利润大幅度增加，于是股价就大幅度上涨一番，反之利润大幅度下滑，股价就又相应地用大跌来"表示"一下。可以说，市场先生在一定时间内又常常表现出相当"聪明"的一面，甚至这种"聪明"还时常提前反映在股价之中。市场中是不是经常会有这种现象发生呢？我认为是有的，甚至是我们不可忽视的一个客观事实。

格雷厄姆说："市场短期是投票机，长期是称重器。"但是这个"短期"又是指多久，这个"长期"又是指多长呢？

任何理论均要本着实事求是的态度，到实践中去检验一番，如此，从理论到实践，再从实践到理论，循环往复，我们就容易看清事物的本来面目，摸到真理的真相。下面，就再以贵州茅台去"检验"一下市场先生究竟有多"聪明"。

2012年因为塑化剂风波和强力反腐大形势的影响，贵州茅台的股价从前期200多元的高点，跌至后来的100多元，下跌幅度达63.95%。直至2015年4月，股价才越过前期历史高点，达到216.61元（当时的前复权价格），经过2015年近10个月的调整，终于开启了大幅上涨之旅。

用后视镜来看，其实在2012年，即使没有塑化剂风波和强力反腐大形势的影响，中国白酒行业的那一轮繁荣周期也走到了一个相对的历史高点，经过前面"黄金十年"发展期，行业发展的内在规律也决定了包括茅台在内的白酒公司业绩向下调整的必然性。从这一点来看，当时的市场先生的确表现出了其有效性，即聪明的一面，但是它的有效性显然是有限的有效性，即它当时再聪明，也看不到三四年之后的股价反转，更预见不到后来以茅台为首的高端白酒业的再度繁荣。进一步说，市场先生再聪明，也不过是有效了三五年的时间，再远的时间，市场先生也就无能为力了。

将眼光投向未来。贵州茅台2021年净利润为524.6亿元，2022年净利润为627.2亿元，2023年净利润为747.3亿元，这三年净利润分别增长12.34%、19.55%、19.16%。按说这个增长速度是很不错的，但是其股价从2021年的高点滑落下来，进入连续三年多的调整期，最大调整幅度为48.65%（数据截至2024年9月19日，即"9·24"行情逆转前的低点）。表面来看，市场先生似乎很聪明地判断出白酒行业周期性下行，但我们要问的是，跌至这个价位（截至2024年9月19日，公司市值为1.58万亿元），市场先生真实反映了茅台的内在价值了吗？比如，它真实反映了未来5年8年，甚至10年20年的内在价值了吗？显然，市场先生再聪明，也难以反映公司更长时间的内在价值。换句话说，市场先生的"短视症"，决定了其有效性的有限性，它顶多反映一家公司三五年的"合理价值"。

市场先生的这种"短视症"不单体现在贵州茅台这样的白酒品种上，如果我们将视角放宽，在几乎所有的投资品种上，均呈现这种有限性。

早在我们上小学时，老师就不断教导我们，学习贵在举一反三。按照这种教导，我们完全可以在一些"现在进行时"的投资品种上"举一反三"。

比如，前面我们列举的东阿阿胶，因为前几年激进的提价模式造成渠道库存积压，公司通过控货清理渠道库存，导致收入与利润大幅下滑，其股价也相应出现大幅下跌。然而，我们要问的是，市场先生真能聪明地反映出东阿阿胶未来三五年的内在价值吗？显然，市场先生是不能的，因为它患有深度"短视症"，未来究竟如何，是需要我们自己做出理性判断的。

总之，例子不胜枚举，也趣味多多，投资有时就需要多做一些延伸性思考。

许多司机都有在大雾天驾车的体验。当大雾弥漫之时，即使我们技术再高，道路的能见度也常常不过十几米远，而窗外哪怕有耸立的山川、潺潺的流水等美景，我们也不能清晰地观察到。市场先生在市场上的"能见度"，与我们在大雾天驾车的体验类似。

通过数据分析，我们完全可以得出这样的结论：市场先生在市场上的"能见度"顶多是三五年的时间（这种时间周期是模糊的概念），再长的时间周期，市场先生再"聪明"也无法预见。相反，一家企业的内在价值最终与其长期的业绩正相关，而且对于这个相关性，时间周期越长，相关性越高。比如，一家企业的内在价值在未来5年、10年或者更长的时间周期内必然会被正确反映出来（这种时间周期也是模糊的概念）。

通过以上讨论，如果你是一名长期投资者，显然就不难明白以下两点。

第一，只要我们的眼光比市场先生看得远，比如，以未来5年、10年，或者更长的时间周期去分析、判断一家上市公司的投资价值，我们就具有无可比拟的巨大优势，比如，我们会更容易发现市场先生提供的巨大投资机会，同时也让我们具有超出市场先生的超凡耐心。

因为我们已经知道，市场先生对于未来的能见度也不过尔尔，就算它在一个时间段内是聪明的，是有效的，但是这种有效性也是有限度的，拉长时间周期，它的这种有效性就完全体现出一种无效性。

第二，定期评估我们所持的投资品种还是必要的。前文提到的"荒岛挑战论"，也仅仅是一种理论假设，并非要求我们去一个小荒岛上生活10年，对自己的投资不管不问了。

一家企业的内在价值就是其未来生命周期内现金流的折现值，不会多也不会少。这个科学的估值公式，也是一种理论假设，因为未来最大的确定性就是任何事物都是不断发展变化的，一家企业再优秀也常常会面临未来的种种不确定性。换句话说，一家企业的内在价值，是需要市场一步一步展现出来的。市场先生的"能见度"是有限的，实际上我们投资者对未来的"能见度"也不是无限的。所以，对投资标的的定期评估体检，也是需要不断完成的作业。

这里，我们再学习一下投资大师的"语录"[①]。

格雷厄姆说："一名投资者最大的敌人不是股市，而是自己。他们或许在数学、金融、会计等方面能力超群，但是如果不能掌控情绪，他们将无法从投资中获利。"

巴菲特作为格雷厄姆最优秀的学生，进一步阐述道，格雷厄姆的方法有三个重要原则："首先是将股票视为企业，这将给你一个完全不同于股市大多数人的视角。"对于这句话，我个人的理解是，买优秀或伟大生意的投资是最聪明的投资。"其次是安全边际的概念，这将赋予你竞争优势。"对于这句话，我个人的理解是，市场先生由于能见度有限，常常"赠送"给我们这种竞争优势。"再次是对待股市具有一个真正投资者的态度，如果你具有这种态度，你就能战胜股市中99%的人，它可赋予你巨大的优势。"对于这句话，我个人的理解是，这种态度包括分析生意的视角、复利思维，以及慢慢变富的理性与耐心。

格雷厄姆说："真正的投资者几乎从不被迫出售其股份，也不会天天关心股票行情。"对于这句话，我个人的理解是，有时我们完全可以做个好股收藏家。

[①] 资料来源：罗伯特·哈格斯特朗. 巴菲特之道 [M]. 杨天南，译. 北京：机械工业出版社，2011.

市场逻辑的指导作用

价值投资需要投资者以做实业的视角，以企业所有者的"假想"身份，对一家企业的商业逻辑进行分析与研究，诸如对商业模式、所处行业空间、持续竞争优势等进行分析与研究，这是投资的必修课，也是一项基本功。对此，作为以基本面分析为主的价值投资者多是重视的，但是有些"纯正"的价值投资者往往对市场逻辑的研究重视不够，或者不屑于研究，这种投资态度是有失公允的。

我们毕竟是在股票市场投资，而股票市场与直接做实业还是有些不同的。这个不同就在于，我们不仅要分析研究企业的商业逻辑，还必须对市场逻辑进行分析与研究，可以说，对商业逻辑与市场逻辑的分析与研究如车之两轮、鸟之双翼，是缺一不可的。

那么，股票市场的根本逻辑又是怎样的呢？

我们还是要从价值投资的开山鼻祖格雷厄姆那里去寻找，即市场短期是投票机，长期是称重器。前文我们已经讨论过，这个短期是多"短"，长期是多"长"，是一个相对模糊的概念，比如需要用5年或者更长的时间维度去考量，虽然"模糊"，却是股票市场的一条根本逻辑，而且是被中外股票市场充分证明了的一条正确的根本逻辑。

从上述这一根本逻辑中，又不难推导出这样一条结论：就短期来讲，市场是无效的（它再聪明也是有限的聪明），但是就长期来讲，这个市场还是有效的，它能够正确反映一家企业的真正内在价值。这也是我们在这个市场投资的"根基"之所在。特别是股票市场的一大功能是帮助优质资源进行配置，并让市场在其中起决定性作用，尽管这种资源配置是以"创造性的破坏"为代价的。离开了这一点，我们这个市场也就与赌场无异，也就没有存在的价值与意义了。

那么，明白了市场这一根本逻辑，对于指导我们投资有什么帮助作用吗？可以说帮助很大，至少不会让我们投资者在这个市场中乱冲乱撞，迷失选择的方向。

下面，按照这个逻辑，我们再做一下延伸性思考。

市场的长期有效性会对某些行业做出选择，进而彰显出某些行业的"命相"

行业与行业之间的"命相"是不一样的（"行业命相"这个词，也是本人的发明），有的行业命相好，有的行业命相差，这已经是一个不争的事实。芒格说过，投资第一条是要到有鱼的地方去钓鱼，第二条是要记住第一条。芒格的这句话，对于我们寻找长期大牛股是有很大启发意义的。比如，中外股市的发展史已经证明，消费、医药行业和互联网科技平台领域常常是长期大牛股的出没之地，投资者在这些领域找到长期大牛股的概率就大得多。这也是我们在投资选择时，需要特别注意的一点。

市场的长期有效性会筛选出某些优秀企业，进而彰显长期大牛股

在我的图书与文章中，我均公开地亮明这样一个观点，即

在长期大牛股中去选股有时是一条捷径。这也是针对我们普通投资者说的，这种说法虽然显得十分"业余"，因为价值投资大家、名家是不屑于这样公开说的，但是我们学习的目的在于运用，只要这一点"管用"就可以了。

为什么说在长期大牛股之中选股是一条捷径呢？

第一，长期大牛股并不是一两天练成的，相反，它需要多年时间才能形成。长期大牛股并不遥远，只要你做个有心人，终有机会让你舒舒服服地"上车"。

第二，市场的长期有效性会慢慢筛出长期大牛股的特殊"品性"。我们经常碰到的一个尴尬问题是，即这家公司确实是好公司，却未必是好股票，因为它总是让你感觉"估值高"，特别是对简单地拿市盈率尺子进行机械估值的人来说，这种所谓的"高"简直是难以忍受的，很多投资者因此扭头而去，不再做深入研究了。

其实最务实的办法是先研究它为什么"估值高"，比如，是因为单纯的市场概念炒作，还是因为其具备长期大牛股的特质呢？比如，这家企业是否具有产品和服务差异化的显著特征？是否处于良好的赛道，且正处于快速发展之中？是否具有良好的文化而竞争对手难以复制和超越？总之，对于这些长期大牛股，最为正确的态度不是扭头而去，反而应该进行"每事问"，如此研究一番，或许就能够找出其合理估值的尺子，或者耐心等到市场定价错误的机会。实际上，我们在两三年内寻找到这样一个重大机会就可以了。

当然，对于那些单纯炒作的，对于虚胖虚高的，要坚决远离。

第三，市场的长期有效性常常是一种市场普遍预期的直白表达。对于市场预期这东西，似乎有些纯正的价值投资者也耻于谈起。但是我们在投资时还是要有一个实事求是的态度，因为不管你承认不承认，市场预期就是客观存在着的一种东西（当然，市场预期太高了，股价太疯狂了也会出现均值回归现象，这也是市场的一条根本逻辑）。投资有逆向思维固然重要，但是也不能为逆向而逆向，相反，要深入研究市场形成的一致预期，进而形成自己独立的见解，这才是最为重要的。

为什么市场总是在某个历史阶段形成普遍预期呢？

因为，投资在一定程度上就是投资未来，而由大众参与的市场常常具有一种不可思议的"价值发现"功能，这一点又是不争的事实。所以，我们不能动不动就嘲笑市场，还是要对市场的长期有效性保持必要的敬畏。比如，今天的市场已经很难对当年的钢铁、电力、煤炭、有色金属、券商这"五朵金花"给予太高的市盈率估值了（券商在大牛市到来时还有可能），但是在历史上它们曾经"红极一时"。有人说，没有成功的企业，只有时代的企业，这话虽然有些偏颇，但也是有一定道理的，因为一家企业再优秀也与其时代特征、历史发展阶段密不可分，真正具有"历史恒定"性质的企业少之又少。以格力为例，放在我国改革开放几十年的大背景下来看，哪怕它再优秀，今天想让市场再给它以四五十倍的市盈率估值，可能性也是不大的（主要原因还是白色家电行业的发展已经进入相对成熟期，除非企业再开辟出第二条增长曲线）；相反，对于一些处于良好赛道，且正处于快速增长期的消费、医药类公司，市场给予其三四十倍的市盈率估值，或许也并不过分。这就是市场的逻辑之所在。

投资就是选择的艺术，无论我们是研究商业逻辑，还是研究市场逻辑，最终都归结于"选择"这两个字。"女怕嫁错郎，男怕选错行"，这句话在股市同样适用。当然，研究一家企业的商业逻辑仍然是根本，而辅之以必要的对市场逻辑的研究与考察，有时也会起到意料之外的"指导"作用。

估值上的因股施策

关于估值，我们已经多次谈到，最科学的公式就是现金流折现模型，即一家企业的内在价值就是在其未来生命周期内所产生的自由现金流的折现值，这一科学公式可以说是放之四海皆准的。但老实说，这一科学公式颇有点类似于欧几里得的平面几何公理，科学确实科学，但在实际运用中会有更多的变量。或者换句话说，在实际操作中更像是要运用黎曼的曲面几何，甚至从某种程度上估值的变量要比曲面几何更"复杂"、更"艺术"。正是由于估值上的这种复杂性、艺术性，决定了我们必须因"股"施策，而不能刻板地运用单一思维、单一模式。

对于一些初创期的公司，更适合用总市值的思维去度量

一些初创期的上市公司，市盈率有时是错配的，即有时表面看起来其市盈率高达三四十倍，甚至更高，但是着眼于未来的发展，其目前的总市值依然有很大的增长空间，其发展的天花板还远远没有到来。再以我 2017 年买入的通策医疗为例，当时由于该公司高价增发失败，股价从高位跌下来，当市值跌至 80 亿元以下时，考虑到其未来空间的拓展，我认为就可以闭着眼睛买入（我女儿账户买入时我在网上进行了公开分享），而当时其市盈率估值仍在 40~50 倍，结果三四年的时间获益 10 多倍！当然，我自己也绝没有想到后来它的股价上涨如此之夸张，被市场吹成了那么大的泡泡。

科创板创立以来，我对其中的一些新兴科技公司进行了持续关注，如果按照传统的市盈率去估值，这些公司上市以后的股价让人惊为"天价"，因为这些新兴科技公司有的还仅仅是微利，有的仍然处于亏损期，对于这些新兴科技公司又如何估值呢？有观点认为可以用市净率或市销率，但这种方法运用起来也往往是不靠谱的。最好的办法，仍然是运用总市值去估算可能更为合适些。在这方面，如果有国际对标的公司作为参照更好。当然，这又必须是在自己的能力圈内来进行。

当然，对我们普通投资者来讲，对这类新兴科技公司研究不清楚，仅仅观赏就可以了。虽然我们未必去投资这些公司，但是可以预期，科创板未来也有可能会催生出少数上涨得令我们目瞪口呆的大牛股。同时，对这些新兴科技公司的关注与研究，也让我们对我们国家的未来更有信心，因为在一些高端科技领域，确实有一批中国的脊梁在瞄准国际前沿，在很多科技领域进行刻苦攻坚，力求追赶和超越国际同行。

那么，运用总体市值估算法对一家企业进行估值，是不是违背了现金流折现原理呢？

从根本上讲也不能说违背，因为投资就是对未来的预测，注意关键是"未来"，也就是它们未来要产生充沛的自由现金流，否则，哪怕今天被市场吹得天花乱坠，终有一天它们也会陨落下去的，正所谓尘归尘，土归土。

此外，我们已经谈起过，"价值发现"是资本市场的功能之一，也就是说，资本市场对于一家企业的内在价值往往会做出提前反应的。虽然我们说市场先生是愚蠢的，但就长期来讲，它还是有聪明的一面，这是需要我们在投资中注意把握的一点。

还有，对于一时陷入经营困境的公司也可以运用这种方法进行估算。如我已屡次提起的"王子落难"的东阿阿胶，当跌落至200多亿元市值时总体来讲已经不算贵了，一旦其经营恢复至常态，市场有极大的可能会推动其总市值的提升。所以，对于这种"王子落难"型公司，我们就不应该再机械地去用市盈率进行估值了（特别是当利润亏损时无法计算），因为这种公司暂时处于"遇难"的状态，用市盈率估值是失灵的。

对于快速成长股的估值，市盈率的尺度可以适度放宽

"胜而后战"，是我们中国古老的哲学智慧，我们在投资中也完全可以加以利用。比如，对于符合我提出的"五性"标准[长寿性、稳定性、盈利性（受限制性盈余少）、成长性、管理层有德性]的公司，运用市盈率估值是完全可以的，因为在这种情景模式下，市盈率可以视为现金流折现模型的一种简化了的表达方式。其中最大的困扰就是真正处于快速成长期的公司股价往往不便宜，很多投资者最终错失这种大牛股也往往是因为其市盈率总是"恒时"高估，结果几年下来，其股价却是"心潮逐浪高"。要解决这个问题，可利用我提出的"透支一年买入法"（后面章节会专门谈到），虽然这种估值方法也登不上大雅之堂，但是运用好了有时会收到奇效。比如，我2018年买入的爱尔眼科，2019年买入的片仔癀，自己就是"偷偷"运用了这种方法，从后来的实践效果来看，很是不错（当然在被吹成巨大泡泡时要考虑适当减持或卖出）。

需要说明的是，运用"透支一年买入法"，同时也可以辅以总市值估算法来进行。比如，如果我们预期这家公司未来可以做到千亿元市值，而现在它仅有一两百亿元市值，则是完全可以择机介入的。

投资中要记住一道简单的算术题：一家当下40倍市盈率的公司，以现价买入，如果未来三年保持增长30%，则其市盈率（以买入价计算）就下降至18.21倍了；一家当下50倍市盈率的公司，以现价买入，如果未来三年保持增长30%，其市盈率就会下降至22.76倍了；与之相反，一家当下15倍市盈率的公司，以现价买入，如果未来三年保持10%的增长，则市盈率仅会下降至11.27倍。当然，算术的最大难度在于我们如何预测它未来几年的增长速度，其间又需要我们对企业的基本面有深刻的理解。

对于进入相对成熟期的价值股，运用市盈率估值则要相对严格

就实际操作层面而言，成长股与价值股的投资策略还是有很大不同的。所谓价值股，一般多是企业的发展已经处于相对成熟期，市场往往会长期给予它较低的市盈率估值。这种投资标的，容易成为一些价值投资者的厚爱，因为低市盈率买入，从心理层面会感觉更踏实一些。然而，这种投资品种更考量我们的商业洞察力，因为选择对了，容易在市场进行估值修复时，获取很大的收益，但如果判断错误，就容易掉入价值陷阱。所以，对于这种投资品种，在运用市盈率估值时，反倒要求更为严苛一些。同时，对这种投资标的，还必须要求它保持较高的股息率，如此，哪怕股票长时间滞涨，也可以利用分红再投资，进而达到复利的效果。

以上，是粗线条地对不同的投资标的，在估值上进行不同的区分，实际上商业的世界远非如此简单。芒格说，投资要应用多学科模型。在估值系统的构建上，我们也应该运用多学科模型思维，进而达到因股施策的目的。

此外，我们说投资组合要保持多样化，其实也不仅仅是指分散于几个不同的行业，有时更为重要的是分散于不同估值类型的投资品种上。当然，有一点是必须强调的，即对于长期确定性的品种该重仓时一定要重仓，而对于成长弹性较大的品种则可以组合配置，应对未来不确定性的风险。如此"确定性 + 弹性"组合配置，如果判断对了，可能会在短时期内获得更大的收益；相反，如果判断错了，哪怕是个别投资标的的投资收益最后清零，也不至于受重伤。

谈谈"透支一年买入法"

在《慢慢变富》一书中，我曾经提出过"透支一年买入法",大意是,我们如果非常看好一家优秀的上市公司,但它的股价却"高"得一时下不去手,那就"毛估估"它未来一两年的增长,在自己可接受的合理价格范围之内,就用"透支一年"的方法去买入(注意是先买入一部分),这样就避免那种经常"吸吮大拇指"而造成的永久错失的错误。

这个方法的提出,似乎又有违价值投资祖师爷的"祖训",也有投资朋友提出了不同的意见,然而,投资是一门实践的艺术,投资的功夫重在实践。在具体实践中,我这些年"逮住"了几只大牛股,还真的就是运用这种"透支一年买入法",实践的效果让自己很满意。

我为什么提出"透支一年买入法"呢?

说来也是自己多次吃亏"吃"出来的。比如,据可查的记录,2011年1月27日我就对片仔癀做了较为深入的分析,并做了资料卡片,并且多次想进行买入操作,那时片仔癀的市值是81.34亿元。然而由于总觉得其市盈率估值较高(市盈率长期在五六十倍),所以虽然我心里不断地喊着"好标的,好标的",但是我的投资之"箭"就是一直没有"射"出去(仅仅是当了个"古董鉴赏家")。时间到了2019年年底,片仔癀的市值达到659亿元左右。

从2011年到2019年这8年左右的时间里,片仔癀的市值增长差不多是一年一倍,投资年复合收益率近30%,这就是我当时错失这个大牛股的代价。后来,在2019年片仔癀深度调整之时,我终于克服了心理上的障碍,运用"透支一年买入法"买入,在以后几年里取得了超预期的收益,否则,到今天我自己不知会怎样地"悔不该当初"呢!

在我的投资案例中，类似的例子还有很多。可以说，这种错失的机会成本不可谓不高昂，从某种程度上讲，这个代价要比踩雷个股大得多，只是这种代价容易让人习焉不察，或者让自己容易选择性忽视而已。

我们在股市里投资，重大的选择机遇有三：一是大熊市、大股灾，此时大多数公司的股价"飞流直下三千尺"，此时的投资就像是在沙滩上捡鱼，十分优秀的企业标的也容易捡到"白菜价"；二是"王子遇难"，诸如2008年影响伊利股份的三聚氰胺事件，2012年影响茅台的塑化剂风波，2012年影响爱尔眼科的"封刀门"事件，2019年影响东阿阿胶的"业绩爆雷"事件等，事后看这都是投资的绝佳机会；三是长期大牛股阶段性深度调整之时，比如股价调整30%~50%，或者调整幅度更大（根据经验，一家优秀的公司，其股价若形成巨大的泡沫，向下调整70%~80%，就应该差不多到底了）。当然，这个调整幅度只是一个大概区间，是指落入自己认为的"射猎区"。三大机遇比较起来，自然是前两种机遇最佳，然而市场的走势向来不是以我们的意志为转移的，比如，我们总不能拿着很多钱，去等未来的大熊市、大股灾吧？也不能总是拿着很多钱，怀着"阴暗"的心理，再等伊利股份出一个三聚氰胺事件，茅台再来一个塑化剂风波吧？可以说，前两种机遇在多数情况下是可遇而不可求的，相比较之下，第三种机遇倒是常有，每每此时，这种"透支一年买入法"就容易派上用场了。

那么，这种"透支一年买入法"是否违背安全边际的原则呢？我认为，并不违背，理由如下：第一，如果说估算一家公司未来10年会实现多少的净利润，可能不少人心里是没有谱儿的，但是若根据这家公司当下的成长惯性去估算未来一两年,则可获得八九不离十的结果。这个道理很浅显,因为时间越近,我们越容易看清。当然,这也需要在自己的能力圈内来进行。

第二,市场上的聪明人太多,自己凭什么就比别人更聪明呢?股市是一个精英云集的地方,且不论众多的机构投资者各自拥有着强大的研究团队、投研优势,就是一些优秀的个人投资者,如一些投资大佬、投资大V的功夫也十分了得,可以说,股市是一个高智商人群聚集的地方。在这种地方,自己凭什么就比别人智商更高呢?比如,有些投资者对优秀企业界定了十分严苛的买入标准,跌至15倍市盈率之下才买入,但是市场凭什么按照你的意志去行事呢?其实这样做的结果,多数情况下是错失。所以,既然我们没有那么聪明,那么退而求其次,就"愚笨"一点,"让渡"给这些聪明人一年多的时间成本又如何呢?或许自己这样假装"愚笨"一些,反而更容易逮住一些长期大牛股。

第三,普通投资者在大多数情况下是长期净买入者,即我们的闲钱多是慢慢流入股市的。以我为例,自转型价值投资以来,个人家庭的现金资产是慢慢转换成优质股权资产的,且绝大多数情况下只进不出,我当下所谓的"茅台+"组合,也是连续不断地买入或者通过换股操作而来的。正是因为我差不多永远是个净买入者,这就为我的持续买入带来了很大的回旋余地。比如,万一不幸,利用"透支一年买入法"买高了一些,但是股价跌下来,完全可以用后续资金再买入,这反而是好事。一方面,后续资金不断摊平买入成本,这有点类似于定投优秀企业了;另一方面,也可以让我们有从容的时间买入足够的"量"。要知道,在长期大牛股身上,有时重要的并不是股价上涨了多少倍,反而是自己究竟拥有多大"量"的股份。从长期看，拥有多大的"量"，对最终投资收益才更具有决定性，而不仅仅是表现在买入时是便宜还是贵那么几个小数点上。

第四，自己就一定"估"得那么准吗？何谓安全边际呢？科学的含义是当前买入的价格要低于一家企业的内在价值，换句话说，就是我们的买入价格与它的内在价值相比，要有一定折扣，已知一家企业的内在价值是其未来现金流的折现值，但这个折现值如何计算呢？我们已经多次讨论过，这仅仅是一种思维方式，而不能书生气地去精确计算。

此外，我们常说的所谓低估或高估（多是指市盈率），也是有时间性的，比如，当下看起来的高估，再过三五年或许就不高了，甚至变低估了。所以说，我们"估"得未必就是那么准的。

真正好的投资机会是一眼看高矮、一眼定胖瘦的。但在很多情况下，我们对一家企业的估值更多的是处于"说高不高、说低不低"的混沌状态。既然如此，这就给"透支一年买入法"提供了用武之地。比如，自己"毛估估"一下，它已经差不多进入了"胖子"区间，就可以买入了。至于是不是买在最底部，反倒不是太重要，因为总想买在最底部，也是一种贪婪。

更进一步说，如果你预期这只长期大牛股在未来会有数倍、数十倍的收益，难道还汲汲于买入之时那几个小数点上的差距吗？投资要大气，要有些格局，而不能做仅仅会拿着计算器计算的"小气鬼"！

最后还要说明一下，利用这种"透支一年买入法"，是有一个大前提的，即要在上文提出的"五性"标准指导下来操作，而不能到处去"透支"，更不要透支太多时间（多数情况下"透支"

一年买入就可以了）。如果说，估值还需要能力圈，那就是我们给自己界定的能力圈。

说一说"毛估估"和"目测"

平时，我除了对所持公司的年报、半年报进行简单的分析，其他时间少有很大篇幅的关于定量分析的财务分析，为什么呢？

一是我并非专业的财务人员出身，我所掌握的一鳞半爪的财务知识，也是自己多年以来私下里做的功课，比如读了些有关财报的书，尝试分析了一些公司的财报，但总体而言，自己完完全全是业余水平，不擅长做那种鞭辟入里、精确到小数点的财务分析。

二是经过多年的投资，我越来越感觉到，真正的好公司是用不着做复杂分析的，是可以一眼看到底的，而将财务报表弄得很复杂的公司，多算不上优秀的公司，甚至其中还可能有瞒和骗。我在这个方面是吃过亏的，所以我现在是惹不起、躲得起，尽量找那些简单易懂的公司去投。

三是看一家公司，我喜欢站在董事长的角度（从自己拥有一家公司的角度）去分析，抓住一些关键数据（主要矛盾）就可以了，至于详细复杂的计算任务，就"吩咐"给"下属"会计专业人员去计算吧。当然，这样说可能有点不谦虚。

而关于估值呢？

我更不喜欢进行详细复杂的数据推演，因为好的投资机会是可以毛估估的，或者通过目测就可以看出来。虽然我们普通投资者学不了巴菲特的"五分钟理论"①，学不了巴菲特的一眼定胖瘦，但在多数情况下，确实是用不着进行详细复杂计算的。

　　但不去进行详细计算，并不等于不去"估"，我感觉最有效的方法还是毛估估，或者是进行一下目测，而且对于这种毛估估或者目测，我也喜欢从全部"私有化"整个公司的角度来考量。如实说，这也是我这么多年来在投资中摸索出的一点"秘籍"。下面，来点"干货"。

贵州茅台（毛估估法）

　　2024年6月25日，茅台的收盘价为1 486.65元（2023年度分红后的价格），总股本为12.56亿股，市值为18 672亿元，也就是在这一天，我再次开始"挥杆"茅台。为什么在它1.8万亿元市值（为方便计算，这里取整数）时，我就敢于再"挥杆"呢？

　　2023年茅台扣除非经常性损益之后的净利润为747亿元，毛估估以后10年，按照年均10%的速度增长，至2033年，可实现净利润1 937.55亿元。计算如表1所示。

　　2024—2033年，10年累计可得净利润13 096亿元。

　　这里假想，自己将茅台这家公司"私有化"，并将它"退市"会如何呢？相当于10年之内，自己可以赚取13 096亿元的净利润，然后我将这些净利润完全花掉，便拥有一家市值为

---

① 注：五分钟理论是指，巴菲特从不像投研机构那样兴师动众地进行实地调查，更不会花很多冤枉钱委托第三方进行审计，多数情况下他都是靠阅读财务报告，或者是与企业的"当家人"进行短暂的交谈，在五分钟内，就可以做出是否买入的决定。

4 904 亿元（1.8 万亿元 –1.309 6 万亿元）（而且这种计算，还没有减掉公司账面上"泛滥"的现金，根据 2024 年半年报，茅台公司账上有现金和现金等价物 1 452.67 亿元）的企业了。

表 1　贵州茅台未来净利润假设

年份（年）	净利润（亿元）
2023	747
2024	821.7
2025	903.87
2026	994.26
2027	1 093.69
2028	1 203.06
2029	1 323.37
2030	1 455.71
2031	1 601.28
2032	1 761.41
2033	1 937.55

这是一个什么概念呢？

就是说，我依靠一家拥有 4 904 亿元市值的企业，10 年之后年赚净利润 1 937.55 亿元，即 10 年之后投资收益率可达 39.51%。

你说，10 年之后，自己家有这么个生意值不值呢？回答自然是美哉了！

下面，再算另一笔账：2023 年公司每股净利润 59.49 元，每股分红 30.876 元（含税），这是按照 51.9% 的分红率进行分红的。公司已公告近三年分红率不低于净利润的 75%。公司 2024 年确定的任务目标是收入增长 15%，按照这个目标毛估估，2024 年每股收益有望达到 68.41 元，按照分红率 75% 计，2024 年每股分红收入为 51.31 元。假设 75% 的分红率以后维持不变，每股收益仍按平均增长 10% 计算，那么，未来 10 年每股会得到多少分红收入呢（见表 2）？

表 2　贵州茅台未来分红假设

年份（年）	每股收益（元）	分红（元）
2024	68.41	51.31
2025	75.25	56.44
2026	82.78	62.09
2027	91.06	68.30
2028	100.17	75.13
2029	110.19	82.64
2030	121.21	90.91
2031	133.33	100
2032	146.66	110
2033	161.33	121

以上 10 年，累计可得分红为 817.82 元。

那么，以每股 1 486.65 元的价格买入，则 10 年后，每股持有成本会下降到 668.83 元（1 486.65 元 –817.82 元）。

但是要记住，没有分掉的部分，也是我们股东的，它只是在账上趴着。但如果这样，公司的净资产收益率一定是下降的，所以公司未来加大分红力度（如特别分红）也是必然的趋势。所以，毛估估一下，以 10 年为期，目前为每股支付的 1 486.65 元股价仅仅通过分红，就会回来一大半。你说这个股价是高还是低呢？

按 10 年期国债年收益率 2.26% 计算（2024 年 6 月 25 日的数据），折算为市盈率 44.25 倍（100/2.26），而茅台 1.8 万亿元市值的静态市盈率为 24.1 倍（1.8 万亿元 /747 亿元），理论上投资收益率为 4.15%（市盈率的倒数）。

巴菲特不是说过吗？债券是特殊的企业，而企业是特殊的债券，如果让我选择，我宁可买茅台这样一个"特殊的债券"，也不会去买那些"特殊的企业"。什么叫机会成本呢？这就是。

所以，仅仅依靠毛估估，我认为，以 1.8 万亿元市值"私有化"茅台，并将它"退市"，怎么算也是个十分划算的买卖！

当然，怎么预测茅台净利润未来 10 年能够保持 10% 的平均增长呢？

通过观察历史上量与价的关系大致可毛估估出来。从"价"上来看，"普茅"从 2001 年的 218 元 / 瓶，提价至 2023 年的 1 169 元 / 瓶，22 年提价复合增长率为 7.93%，以后提价幅度和频次可能会减少，但不应低于通胀率；从"量"上来看，根据公司披露的数据，2023 年茅台（"普茅"）基酒产量为 57 204 吨，公司已经公告"十四五"1.98 万吨的扩产也要 5 年以后才能完成，如此估算未来 10 年可转化为出厂产品的"普茅"大致在 7

万吨（茅台产品存放 5 年后才能出厂），所以，年复合 10% 的增长大概率是能够实现的。

当然，这里仍然是毛估估，或者叫"思想实验"。实际上未来 10 年公司的发展可能会遇到各种复杂情况，有的年份可能增长快些，有的年份可能增长慢些，但是通过这种毛估估（思想实验），自己再次"挥杆"时心里是有谱儿的，正所谓模糊的正确大于精确的错误。

片仔癀（毛估估法）

2023 年 6 月 25 日，收盘价为 210.40 元/股，总股本为 6.03 亿股，市值为 1 269 亿元。按照同样的思路，将它"私有化"下来，并将它"退市"，会如何呢？

2023 年片仔癀扣除非经常性损益后的净利润为 28.54 亿元，假如这个净利润"固定"住了，则理论上年投资收益率为 2.25%（28.54/1 269），这个收益率太低啦！

假设，未来 10 年它的净利润年复合增长率为 10%，则 10 年后净利润可达 74.03 亿元，以 1 269 亿元的投资计算，年投资收益率为 5.83%（74.03/1 269）。

但是，这个公司不是已经被自己全部"私有化"，并"退市"了？

那么，假设净利润保持 10% 的增长，则 2024—2033 年，10 年累计净利润为 500 亿元（计算过程也是一年一年相加，这里省略），则 1 269 亿元 –500 亿元 =769 亿元。

10 年之后，自己将这些年的净利润全部花掉，剩下的 769

亿元，一年可赚取74.03亿元的净利润，投资收益率为9.63%（74.03/769）。届时，如果自己家有这么个生意，也算很不错了。

假设，未来10年片仔癀的净利润年复合增长率为15%，则10年后净利润可达115.46亿元，以1 269亿元的投资计算，年投资收益率为9.10%（115.46/1 269）。

2024—2033年，10年累计可赚取666亿元，同理，"私有化"后将净利润全部花掉，于是，1 269亿元－666亿元＝603亿元。就是说，到2033年，相当于自己拥有一家市值为603亿元的企业，一年可赚取115.46亿元的净利润，则年投资收益率为19.15%（115.46/603）。届时，如果自己家有这么个生意，就算是非常好啦！

假设未来10年它的扣非净利润年复合增长率为20%呢？算了，我还不敢奢望一家企业能保持如此高的增长速度！

通过以上假设（这里仅仅是依据过去的增长数据进行假设，即线性外推）或者毛估估，可以得出结论，以现价买下片仔癀，考虑到公司具有强大的定价权和品牌商誉，大概率是只会买贵，不会买错。

说明一下：第一，以上对茅台与片仔癀的毛估估，并未考虑到金钱的时间价值，即未进行折现；同时，我也认为一考虑折现率，就将简单问题复杂化了，不去考虑，更便于毛估估。第二，这种类型的公司必须具有轻资产特点，即较少的资本投入，便可以赚取丰富的自由现金流，或者说，它的净利润便可以视为自由现金流（茅台与片仔癀应该算作此类，但并不具有普遍性），而赚取"假"钱（不产生自由现金流）的公司，不能如此毛估估。

格力电器（目测法）

2024年6月25日，格力电器的收盘价为40.51元/股（2023年度分红后，除权价为38.13元/股），总股本为56.31亿股，市值为2 281亿元。

2023年公司净利润为290亿元，如果将它"私有化"下来，并将它"退市"，则年投资收益率为12.71%（290/2 281）。假设它的净利润"固定"在290亿元不增长了，自己便拥有一个年投资收益率为12.71%的生意，自家有这么一个生意你满不满意？我自己是满意的。

根据格力电器2023年年报，10股拟派息23.8元（含税），以现股价40.51元/股计算，股息率为5.88%（含税）。不是说，"一鸟在手，胜过两鸟在林"吗？那好，如果自己现在就攥住手里的这"一只鸟"，是不是划算呢？我自认为，还是划算的（还可以股息复投，攒股）。

290亿元的净利润，对应2 281亿元的市值（包括账面上的现金资产），静态市盈率为7.87倍。这个估值水平，差不多已经体现了格力未来不增长的悲观预期了。

但格力未来果真不增长了吗？根据对公司的基本分析，我认为它未来大概率仍会有一定成长性。也正是基于以上的目测，我女儿的账户在这个价位区间持续进行了分红再买入操作。

说明一下：既然是毛估估，有时就会估不准；既然是"目测"，有时就会看走眼，所以，以上分析，仅仅提供一个"解题"（估值）思路。更为重要的是，这种毛估估和目测，是建立在对公司基本面"吃透"了的基础上而进行的，或者说，是在自己的能力圈之内进行的，不可盲目地照抄照搬。

关于估值计算的思考

我们已经知道，一家企业的内在价值就是其未来现金流的折现值，这也是对一家企业进行估值的科学公式。然而科学归科学，若真的计算起来，则容易让自己坠入五里雾中，因为说到底，现金流折现模型是一种思维方式，而不是让我们傻傻地去进行计算。

但是我心里一直有个困惑，作为投资大师的巴菲特是不是会详细计算呢？或者说，他是不是有什么计算的"秘籍"从不示人呢？

在1996年伯克希尔-哈撒韦股东会上，在谈到这个问题时，芒格说道："沃伦只是谈到这些折现的现金流，但我从未见他用手算过。"

巴菲特答道："这么保密的东西我会在别人看不见的地方进行偷偷计算。"这又是一段典型的"巴式幽默"，当然又是一个"无解"的回答。

熟知巴菲特的人知道，巴菲特此言不虚，因为他对很多企业的收购都是基于"五分钟理论"。但是大师就是大师，巴菲特可以一眼定胖瘦，我们普通投资者怎么可能与他比肩呢？不要说五分钟，我们有时拿着计算器算半天，也多是拿不定主意的。

最近，我重新阅读了《奥马哈之雾》一书，突然探寻到一点巴菲特计算的"蛛丝马迹"，尽管这仅仅是简单计算，但说明巴菲特有时也是算一算的！当然，更为准确地说，这是巴菲特头脑中的一个估值模型。

巴菲特在1991年致股东的信中说：

让我们来看一个相当简化却不无贴切的数学计算方式。几年以来人们都认为新闻、电视或杂志产业的获利能力，可以永无止境地以每年6%左右的比例成长，而且完全不必依靠额外的资金，每年的折旧费用应该会与资本支出相当。由于所需的营运资金也相当小，所以账列盈余几乎可以等于自由分配的盈余，也就是说拥有一家媒体企业，投资者每年都可以得到6%比例稳定增加的纯现金流入。如果我们以10%的折现率来计算现值，等于是一次2 500万美元的投资每年可以贡献100万美元的税后利润。

针对巴菲特的这段话，《奥马哈之雾》中写道：

我们认为这段话透露了一个重要的事实：巴菲特在对其他产业的公司进行价值评估时，在产业特质相似的条件下，应当也会借用这个简单程式计算其内在价值。尽管最后计算的结果有些粗糙和模糊，但只要对相关要素预估准确，并且有充足的价格安全边际，就当基本可行。

这里，我梳理一下巴菲特估值模型的几个关键点：

➡ 永无止境地以每年6%的比例增长。
➡ 账列盈余几乎等于自由分配的盈余（净利润几乎等于自由现

金流）。

→ 投资者可以得到每年以 6% 比例稳定增长的纯现金流入。

具备以上三点，如果按 10% 折现，这个每年赚取 100 万美元净利润的生意，可以给出 2 500 万美元的估值，市盈率为 25 倍。

注意，这是按照折现率为 10% 来计算的，如果按照这个模型继续推算，把折现率调整为 8% 或 7%，会是怎样呢？

资深"茅粉"有智思有财，在他所著的《择善固执》[①] 一书中对巴菲特这个估值模型进行了详细计算。他在书中写道：

巴菲特隐去的计算过程是这样的：

$$\frac{100}{(1+10\%)}+\frac{100\times(1+6\%)}{(1+10\%)^2}+\frac{100\times(1+6\%)^2}{(1+10\%)^3}+\cdots=2\,500$$

我们可以沿着这个模型继续往下算，如果我们把折现率降为 8% 和 7%，那么：

$$\frac{100}{(1+8\%)}+\frac{100\times(1+6\%)}{(1+8\%)^2}+\frac{100\times(1+6\%)^2}{(1+8\%)^3}+\cdots=5\,000$$

$$\frac{100}{(1+7\%)}+\frac{100\times(1+6\%)}{(1+7\%)^2}+\frac{100\times(1+6\%)^2}{(1+7\%)^3}+\cdots=10\,000$$

对应市盈率分别为 50 倍和 100 倍，相信这个已经超过市场的理解能力了。

---

① 资料来源：有智思有财.择善固执：一个长期投资者的逆向思考录 [M].上海：上海财经大学出版社，2018.

以茅台为例，有智思有财进一步阐述道：

别忘了，这个模型的前提条件是自然增长率只有6%（也不能小看这个6%，因为首先它就已经将用杠杆的企业排除在外了，而且很少有企业的增长是不需要再投资推动的），如果我们把茅台酒厂自20世纪50年代建厂时的出厂价到如今的酒价的平均上涨速度和喜诗糖果的产品提价速度拿来比较，那你绝对相信，茅台的自然增长率绝不低于10%（产品价格上涨是不需要扩大再生产即可获得收益稳定增长的最重要的手段，更不要说茅台本身轻资产的特征）。用巴菲特的这个模型去算，任何高于预期收益率的自然增长率，估值的结果都是无穷大。因此，谈茅台的估值其实并没有太大意义。

以上有点"烧脑"的一段话究竟是想表达什么意思呢？

我们经常听投资者说，茅台的20多倍、30多倍市盈率，已经高估了，但是请问：仅仅是依靠市盈率来判断茅台的内在价值，我们果真就"估"准了吗？

按照巴菲特的这个估值模型，如果茅台具备上述定量的三个关键点，以10%的折现率计算，那么其合理市盈率为25倍；但是，世界上的事情有时就怕"但是"，若茅台的自然增长率超过6%，并且取折现率为5%、4%，甚至更低，那么，市场又该给它多少倍的市盈率呢？

这里就不去进行详细计算了，因为我们已经讨论过，市场先生的"能见度"有限，从长期讲，它是没有办法去给茅台这样的优秀企业进行"称重"的，它也没有办法给出未来8年、10

年，或者更长时间的准确市盈率估值（唯有依靠我们投资者自己去分析判断）。

由此，我们又得出一个公理性的东西，长期而言，市场对真正优秀可持续增长的企业给出的价格往往是低估而不是高估。以上数据的推演，也给这个"公理"提供了一个有力的佐证，同时也给我们"以合理的价格买入优秀企业，并长期持有"提供了更强有力的逻辑支撑。

当然，请不要误解，这样说并不是主张我们在买入时不再讲安全边际，毕竟每个人的投资都是有机会成本的，如果买入的价格过高，我们会付出很大的时间成本。

同时，也请注意，真正符合上述条件的标的是十分稀少的，就我的目力所及，A股一些高端白酒和中医药知名品牌企业，大体符合上述条件（难在它们永续增长6%），而若真的去投资，则更需要投资者自己去进行认真筛选了。

行文至此，我想到《茅台：光荣与梦想》[①]一书对茅台第一代功勋级人物郑义兴评酒的描写：

郑义兴评酒，往往使旁观者感到神秘莫测。他先把酒端起放到鼻子前嗅一嗅，再放到唇后沾一点，然后就托起腮闭目深思一大阵，酒的五香六味全在他这一沉思里。他抓一把糟放在耳边听一听，就知道需加多少水。他看到酒冲入杯中泛起的酒花，就知道这酒的酒精度数有多少。他看一看酒糟的颜色，就能准确说出窖糟能出多少酒。

---

① 资料来源：何建明. 茅台：光荣与梦想 [M]. 北京：作家出版社，2023.

中医讲究一个"化"字，何谓出神入化呢？郑义兴酒师的评酒就是。当然，那个解牛的庖丁也是，投资中的巴菲特也是，这些大师级人物均是在他们自己所擅长的领域达到了"化"境。

当然，做任何事情要达到这个"化"境，除了先天的因素，那一定是经过长期艰苦的实践、训练、感悟、升华才能够达到的，所以，关于估值究竟是否需要进行具体计算，也就显得不是那么重要了，因为到了那种"化"境，是完全可以一眼定胖瘦的。

投资中的这个"化"境，我们虽不能至，但应该心向往之！

内在价值的概念

一家企业的内在价值，就是其未来整个生命周期内自由现金流的折现值，不会多也不会少。然而，很多投资朋友，包括投资多年的朋友，一谈到这个问题，就被它"卡"住了，觉得不好理解。然而这个问题不解决，就很难说你对投资是彻底"悟道"了。怎么办呢？这里，我就尝试做一下科普。

何谓内在价值，或者说什么叫未来现金流的折现值呢？

比如说，你家有价值100万元的一套房子，要出租70年（这里是假设），70年的租金总和就差不多等于你家这个房子产生的"自由现金流"了。当然，房子可能会坏，可能要维修，或者增添一些家电之类的设施，这里为计算的方便，忽略不计了。

再比如说，这个房子每年可收取的租金为房子价值的6%，即6万元，则70年后你可以收到的"自由现金流"为420万元。假如你家这套房子，70年后的净值已为零（房子生命周期为70

年），那么，你家这个房子的内在价值就是420万元。

以上，是很简单明了的计算题吧？但是且慢，我们知道货币是有时间价值的，今天的1万元与70年后的1万元是不可同日而语的。比如，我们完全可以拿今天的1万元去买10年期国债，而且这个10年期国债的收益率因为有国家信用做背书，所以也被称为无风险利率。假设这个无风险利率为2.5%，那么，我们可以用这个2.5%作为折现率（也可以取更高的折现率），将你家房子每年收到的"自由现金流"进行折现（折现的意思，就是用2.5%的利率折成现值）。最后得出的折现值＋房子的净值（已为零），就是这个房子现在真正的内在价值了。

用一个简单的公式表达：

60 000元是每年现金流，2.5%为折现率，第一年的自由现金流折现公式为60 000/（1+2.5%），第二年的自由现金流折现公式为60 000/（1+2.5%）^{2}，第三年的自由现金流折现公式为60 000/（1+2.5%）^{3}，直到第70年，然后把每年折现后的净值加总，计算的结果是1 973 871.419。

就是说，你家这个房子出租70年，按价值100万元的6%每年收取租金，其内在价值并不是420万元，而是197.39万元。

怎么样？内在价值的计算简单吧，你心中的迷雾此时此刻应该解开了吧？

同样的道理，投资债券的内在价值也是这样容易计算的，这里就不再举例进行解释了。

然而，巴菲特说，债券是特殊的企业，而企业是特殊的债券。一旦涉及企业，其内在价值的计算就远没有债券和房子这样简单了，因为企业经营涉及各种特殊因素，而且正如熊彼特所说

第二章 选择（估值）篇

的，它还要面临着"创造性的破坏"，说不定这家企业上市没有10年，就被竞争对手打败而破产了，同时，管理层品性的好坏、能力的大小也会影响这家企业未来的经营情况，你说它的内在价值又如何计算呢？更不要说，折现率哪怕变动一点儿，假以时日，就差之毫厘，谬以千里。

所以说，企业的内在价值，或者说它的现金流折现模型并不容易算准，它只是给我们提供了一种思维方式。注意，我再说一遍，它只是给我们提供了一种思维方式，而且是最重要的思维方式，因为内在价值说到底并不是一个会计名词，而是一个经济名词。

然而，我们又怎样去思考它呢？好在巴菲特早已经给出答案。巴菲特在1983年致股东的信中说："在评估一个即将毕业的大学生的价值时，家长和社会之前已经为他付出的是账面价值，而大学生毕业之后为其家庭和社会所做贡献的总和就是其内在价值。换言之，账面价值是会计名词，记录资本与盈余的财务投入；内在价值是经济名词，估计其未来现金流的折现值。账面价值告诉你已经投入的，内在价值则是预计你能从中所获得的。"

注意巴菲特所说的：内在价值是一个经济名词，而不是一个会计名词。显然，将一家企业未来创造出的内在价值比作大学生毕业以后的价值创造，就便于理解这种思维方式了。

这里，我们假设有三位大学毕业生，从幼儿园、小学、中学再到大学毕业，我们给他们付出的账面价值是相同的，但是他们毕业后一生创造的内在价值会有很大差距。

比如，一位大学生最后成为像任正非、曹德旺这样的优秀企业家，一位大学生毕业后进入体制内成了公务员或事业单位工作人员，而另一位大学生呢，虽然他能力超强，谋到某种高位，但最后贪污腐败，被抓进了监狱。很显然，对于这三位大学生，我们付出了同样的账面价值，但是其未来的内在价值是差着天地的。

常识告诉我们，最佳的选择是投资于第一位优秀大学生，至少不应该投资于最后成为腐败分子的大学生。然而，如何去寻找这个"优秀的大学生"（上佳的企业）呢？

这里，我们再看一下巴菲特给投资者指出的"路线图"，比如，寻找那些具有经济特许权的公司去投资；寻找那些具有品牌经济商誉，轻资产，产生丰富现金流的公司去投资；寻找那些具有垄断消费、成瘾消费、重复消费等显著经济特征的公司去投资；如此等等，不一而足。这样，在这种定性（定方向）的基础上，我们再去尝试着进行定量分析，哪怕在定量上不太精确，也不会犯下太致命的错误。

话说到此，如果你还是不够明白怎么办呢？那就再想一想我提出的"五性"标准，即长寿性、稳定性、盈利性（受限制性盈余少）、成长性、管理层有德性，这个"五性"标准，就是我从现金流折现模型推导出来的定性标准，这样优秀的公司其未来的内在价值大概率会高，这样优秀的投资标的虽然不多，一旦让我们抓住了，就长期持有吧。

第三章

持有篇

我的一点熊市经验

  我在本书的开篇就提出，从超长期讲，中国股市也会像其他成熟市场的股市一样，呈现螺旋式上升的长牛走势，然而从中期（阶段性）讲，也一定会有牛熊转换，因为天下没有只跌不涨的股市，也没有只涨不跌的股市。我们在一生的投资中总是会遇到多个中期的熊市，而且有时这种熊市也是以年为时间单位来计量的，比如三年五年，或者时间更长。远的不用再说，自2021年A股开启三年多的"地狱模式"，有很多投资者被折磨得伤痕累累。在这三年中，时常有朋友在我的文章后留言问我："面对如此低迷的行情，你是不是应该说点什么。"更有一位叫"穿越至暗"的投资朋友留言说："闲大，你存在的最大意义是抚慰每一颗孤寂的心，让在至暗时刻的人不再孤独，让每个在黑暗中穿行的人，不再孤单。"这话显然是过誉了，不过，仍然让我好感动！

  其实，我仅仅是中国股市中一名普普通通的小散户，如果说我投资还有些经验，那就是被A股的多轮熊市给历练出来了，正所谓"股市虐我千百遍，我待股市如初恋"！

比如，我入市以来，就先后经历了2001—2005年的熊市、2008—2014年的熊市、2015年的"股灾"、2021年至2024年"9·24"行情逆转之前的熊市。由于我女儿的实盘账户是在网络上公开分享的，我女儿就不止一次地与我说，怎么觉得股市表现好的时候很少呢？是的，我女儿的账户自2015年至今，10年左右的时间经历了2015年连续十几轮的"千股跌停""千股停牌"，2016年的"次股灾"（熔断机制被废），2018年的"深熊"时刻，2021年春节过后较大幅度的调整，2021年7—8月的"牛市股灾"，2022年"极度低迷"的漫漫熊市，2023年至2024年"9·24"行情逆转之前令人窒息、抑郁的低迷状态，但在这种"多灾多难""少有好时候"的情况下（2017年和2019年，2020年疫情防控常态化之后算是好时光），仍然取得了超预期的收益。实际上事后想来，这个账户之所以取得超预期收益，还得要"感谢"这一次次的大小熊市！

有人说，在股市里得到的经验有时比书本知识更重要。是的，实际上我们投资者的很多经验都是在熊市中练就出来的，相反，牛市里似乎人人都是股神，但最终会造成很多人的亏损，所以，我经常说，熊市才是"甜蜜蜜"，牛市才是"害人精"！

那么，我究竟有哪些熊市经验呢？概括起来无非是以下三点。

第一，播种。我们价值投资者都是讲究安全边际的，而在熊市中则容易找到打折贱卖的优质股权资产，正所谓熊市才是价值投资者的春天。投资者一定要养成数据回溯的习惯，比如，我们可以打开历次熊市的 K 线图，看一看今天走出来的大牛股，有哪一只不是在熊市中被贱卖的呢？可以说，几乎百分之百地会被市场先生贱卖，甚至有时便宜得匪夷所思！所以，在熊市里买入，有时买得有些早也没关系，哪怕一时被套住也不必大惊小怪，而关键是将来别后悔自己买入的量不足。是不是有熊市经历的人，都会或多或少地有这种后悔经验呢？我敢保证说，大凡经历过的人，百分之百都会有这种后悔经验，甚至事后都会嘲笑自己当时为什么那样傻。所以，我曾开玩笑说，如果让我在股市里推销药品，什么药最好卖呢？一定是"后悔药"！所以，为了减少或者完全避免自己日后的这种"悔不该"，在熊市来临之后，我们一定要敢于播种。

第二，冬眠。有人说，在股市里做投资有时颇像农民伯伯种地，我们今年播种下的小麦总是要经过一个冬眠期的，这话很有道理。在熊市里播种，有时价值投资者反而容易买入过早，因为就像我们不好判断股价有多大幅度的上涨一样，同样，在熊市里买入有时以为自己买到"地板价"，反而下面还有"地狱"，所以，应对的办法是徐徐图之、分批买入。尽管如此，有时也会被"闷"在里面，特别是面对"钝刀子割肉"的低迷行情，股价跌到最底部，可能我们又面临着没钱继续买入的尴尬，因为我们普通投资者多是处于"主意比钱多"的阶段，钱总是有会用完的一天。每每此时，我们又当如何呢？那就是冬眠。根据我的经验，有时在熊市之中，就算账户市值满仓回撤百分之二三十，甚至更多，也根本算不上什么大事。"宝剑锋从磨砺出，梅花香自苦寒来"，人生如是，投资也如是，不经历寒风刺骨的冬天，你怎么会品尝到未来的梅花芳香呢？

第三，检查，即检查自己的投资系统。 股市的长赢之道，就在于建立一套较为完善的投资系统，并且让这个系统能够管住自己。牛市使人迷糊，熊市让人思考。你的投资系统是否还有大的漏洞，往往在熊市之中才能暴露无遗，而此时，也正是你弥补这些漏洞的大好时机。很多事情，我们往往经历过才能够明白，在一轮熊市中进一步完善了自己的投资系统，对于未来又何尝不是一件好事情呢？

做好了上面的三项工作，每轮熊市你就不是白白度过了。当然，我也知道，话虽如此，仍然会有不少投资者无法从熊市的痛苦中解脱出来。

为什么他们仍不能从这种痛苦中解脱出来呢？说穿了，他们还是把自己的股票账户当成储蓄账户了，因为他不会理解，股权资产实际上是流动性十分"差"的资产，之所以说流动性十分"差"，是因为每刻呈现的账户市值都是一个"精确的错误"，你所投资的股权资产的内在价值是需要时间发酵才能够慢慢彰显出来的。

我们买的是股权资产，而不是交易筹码，想明白了这个根本的道理，或许你就能够从苦海中解脱出来，甚至你想明白了这一点，就不会希望股价未来上涨得太快，更不会将希望全部寄托在所谓的牛市之上，因为你有余钱了仍然可以持续趁低买入，或者分红了可以积攒更多的低估优质资产。

是买资产，还是筹码，一个人的投资价值观分野就从这里面区别出来了。所以说，如果想让自己彻底摆脱这种熊市的痛苦，归根到底还是要从根子上去解决，即自己要真正在思想上树立正确的投资价值观。以上就是我的熊市经验。

投资中的危机管理

股市里不仅有鲜花、美酒,还有地雷阵和万丈深渊,因此危机管理意识还是须具备的,即当真正的风险来临之时,自己要有一套危机应对方案。

泰坦尼克号的故事是广为人知的。1912年,一艘号称永不沉没的"梦幻之舟",在一片欢呼声中启航了。它当时被认为是"最伟大的巨轮",还是由最优秀的船长来掌舵。但它为什么最终沉没了呢?事后分析:

➡ 这艘"梦幻之舟"的设计目标是,正面撞上冰山不会沉没。谁料到,冰山从侧面来袭,"梦幻之舟"的侧面被冰山狠狠地"开膛破肚"。
➡ 被称为最优秀的船长过去没有经历过海难,最后却创下最大的海难纪录。在此,我们也要好好想一想,有些投资者号称自己从来不会犯错,但这种从不犯错的经历果真就是好事吗?
➡ 泰坦尼克号自认为是"永不沉没"的设计,事发后只能依靠附近可能来救援的船只,这艘船上竟然没有事前准备足够用的救生艇。

也就是说,原来这艘"梦幻之舟",不仅没有必要的风险意识,居然连必要的危机应对方案也没有,所以,最终沉没大海,表面看来是一个大大的"黑天鹅"事件,实际上发生悲剧的必然性早已隐含在其中了!

我曾经读过一本很有意思的小书叫《红楼梦教你的10堂理财课》，这本书最令人玩味的地方是独辟蹊径，从理财的角度对红楼梦进行了研究。

据这本书研究，红楼梦里的贾母、贾政、王夫人等"当权派"在治家管家方面就没有危机意识，相反倒是那个早逝了的秦可卿有"风险意识"，她曾托梦提醒王熙凤，务必要提防"月满则亏，水满则溢""登高必跌重""乐极生悲"等事情的发生。难能可贵的是，秦可卿居然还提出了危机应对方案，她提示王熙凤："莫若依我定见，趁今富贵，将祖茔附近多置田庄、房舍、地亩，以备祭祀、供给之费皆出此处，将家塾亦设于此。"为什么说秦可卿提出的这个方案"难能可贵"呢？原来根据明清抄家制度，祭祀产业不入官，是子孙唯一退路。

当然，这个危机应对方案的设计来源还是作者曹雪芹，他不过是借秦可卿之口说出来而已。据一些"红学家"研究，曹雪芹最后的落脚处，是北京香山附近的茅屋，可能就是曹家的坟园、祭田，或者是未被查抄到的老屋。曹雪芹可能是想借秦可卿之口，提醒要为子孙准备好最后的退路。

成功的投资来自广泛的阅读。我们若想投资成功，不仅投资类书籍要读，其他一些书籍，如历史、哲学、文学、艺术领域等，均要广泛涉猎。如老子的《道德经》提出了"福祸相倚"的道理；《史记·货殖列传》提出了危机应对方案："旱则资舟，水则资车。"据说李嘉诚一生就奉行"旱时，要备船以待涝；涝时，要备车以待旱"的原则。至于我们崇拜的巴菲特，根据他的传记，早在他的爷爷辈，家里就必备一笔存款，以应对不时之需。

《格林斯潘传》中介绍，格林斯潘虽然在2008年金融危机之后被拉下神坛，成为饱受争议的人物，被称为"泡沫先生"，但是 1987—2006 年，格林斯潘一直担任美联储主席，任期横跨 6 届美国总统。在 1996 年的美国大选前夕，《财富》杂志的封面上这样写道："谁当美国总统都无所谓，只要让格林斯潘当美联储主席就行了。"足见当时的评价之高。

其中最难能可贵的是，当 2001 年美国的"9·11"事件发生后，格林斯潘立刻设想最坏的可能是金融体系瓦解，电子支付系统瘫痪，美国与全球经济崩溃。从美联储的反应得知，他们平时就已经沙盘推演各种"黑天鹅"事件，包括核攻击这样的极端事件，所以当真的危机出现时，才能做到临危不乱，提出应对措施。

未来永远充满着不确定性，大到一个国家，小到一个家庭，再到我们个人投资，风险意识是必须具备的，平时的危机应对方案也是必须有的，其重要性无论怎么强调，也不过分。那么，具体到投资，我们又如何做好"危机管理"呢？

第一，必须有组合配置的思想。 投资的成功仅仅是依靠挖掘到一两只大牛股吗？应该说这很重要，但是归根到底还是要有组合配置的思想，即打造自己的挪亚方舟，比如可以按照"五股原则"进行配置（普通投资者持仓最多不宜超过 10 家），同时，这种配置思想也当是以优秀企业穿越牛熊为导向，而不是以大牛市的到来为导向。其实，从一个投资者日常的投资组合配置中就能够看出他的危机管理能力。

当然，在 A 股，有的投资大佬仅依靠长期持有一只茅台就荣获了成功，当然这也是一种资产配置，从某种程度上讲还是一种"保守"的配置，因为从基本面上看，茅台未来的确定性极大。当然,这种"保守"配置的投资大佬多已经是股市的"老江湖"了,仅仅是他们的心理承受能力就不是普通投资者所能够具备的,每个投资者应当根据自己的实际情况,进行"个性化定制"。

第二,当危机出现时,艺术地进行处置。 为什么说要艺术地进行处置呢?因为情况不同,采取的策略就不同,不可拘泥,但有一点是肯定的,比如,当一家企业真正的坏消息(诸如做假账、欺诈上市等)被证实之时,来一个"斩立决"是必须的,此时不能有孤注一掷的赌徒心理。因为股票投资有它残酷的一面,如果你具有这种赌徒心理,市场迟早会发现你的这种人性弱点,并将你打爆!

第三,见微知著,对泡沫适度警觉。 近些年在中国股市投资确实是很不容易的,且不要说2008年大熊市之后人们经历七八年的煎熬才终于迎来了2014年的牛市行情,谁想到2015年A股又来了一个历史罕见的"股灾",当时的"千股跌停""千股停牌"至今仍然让人们记忆犹新。进入2017年,好不容易来了一个蓝筹股行情,2018年又因种种因素进入"至暗"时刻。2019年出人意料地听到牛蹄声声,然而在2021年、2022年随着"茅指数""宁组合"两个大泡泡的破灭,A股又进入三年多的"地狱模式",直到2024年"9·24"行情逆转。可以说,任何一次大牛市行情到来之后,均会吹出一些资产价格的大泡泡,而一些较高价位介入的投资者(实际上他们已经违背了价值投资的四大原则之一,即安全边际),如果在大泡泡破灭之前没有及时跑掉,自然是会落得严重亏损的投资结局。

投资者永远要记住,越是在市场吹大泡泡之时,越是市场上各种"归因理论"盛行之时，这些"归因"往往就一个核心，即总是让你有理由不去减持或者卖出，而大部分投资者此时多处于极度亢奋中（可能是多巴胺和肾上腺素惹的祸），很容易对理性的声音选择性忽略，殊不知，正当你感觉妙哉妙哉，恍如做梦一般日进斗金之时，就像泰坦尼克号一样，沉没的风险早已经潜伏其中了！

其实到此时，你应该让你的卖出系统发挥作用，比如，对于自己认定的极其少数的非卖品、收藏品，自可以不用管它（但是不能再加仓了）；而对一些股价涨疯了的弹性较大的品种，比如股价已经透支了未来 5 年或更长时间的内在价值，则要考虑进行减仓、清仓或换股操作。关于这一点，下面还将专门谈及。

总之，道可道，非常道。投资中的"道"，有时若说出来，就不是"道"了。这或许正是股市投资的艺术之处。投资永远在路上，我们需要做的就是不断地进阶，不断地修行。

投资组合管理的艺术

我们已经讨论过，少数优秀的个人投资者依靠长期持有一只极为优秀的投资标的，进而实现了自己的财务自由，这种做法可行不可行呢？实践证明，当然可行，但是这种做法对于投资者的个人能力是要求极高的，对人性的"折磨"也是超出常人承受力的。

据我长时间的观察，这些优秀的个人投资者并不是从一开始就是如此聪明的，实际上他们所经历的风雨一点也不比我们少，只是长时间受股市风浪"折磨"，让他们顿悟了投资大道，或者是人生阅历的磨炼，让他们的投资变得如此聚集、如此"简单"，正所谓不受磨炼不成佛。

那么，作为普通投资者的我们，这种做法是否值得效仿呢？

这个问题没有一个完美的答案，因为就像做任何事情都需要实事求是一样，做投资必须结合自己实际的个人经历，必须结合自己实际的财务状况来进行个性化选择。至于我本人呢，我一向坚持"组合应对"这一投资策略。当然，随着投资时间的拉长，我的"组合应对"策略也慢慢地更加聚集，变成后来的"茅台+"组合，或者称为"确定性+弹性"组合。组合中茅台的仓位占大头，其他几个投资品种则散落其间，其中茅台已经是我当下的非卖品、收藏品，甚至也不排除未来进一步择机向其集中的可能（2021年10月茅台股价大跌，我又将持有14年的格力换股为茅台，茅台仓位提升至87%以上）；针对其他几个投资品种，还会根据市场的状况做出调整。但总体而言，我依然是一个以年为时间单位持有的长期投资者，总体一直处于差不多满仓的状态，并且一年之内也少有交易。

我的这种组合持有策略，也符合自己实际的家庭情况，而且也一直让自己处于十分舒服、快乐的状态。投资时间越长，我越认为让自己的投资处于十分舒服、快乐的状态更为重要，毕竟市场上的钱是赚不完的。

那么，从我的这种组合应对中，你是否也能够感受到一种投资组合管理的艺术呢？注意，这里用了"艺术"一词，我认为还是可以从中悟点什么的。

第一，投资组合的多元化，可以让我们保持一种开放的思维状态，至少不会太教条。 这里的多元化，并不仅仅是指不同行业之间的多元化，更主要的是指不同投资品种的多元化。以我的投资组合为例，其中有进入"成熟期"的投资品种，有高速成长的，也有困境反转的企业。对这些不同品种的估值应当采取不同的思维范式，也就是因股施策。

前文已经提到，有一些初学投资的人（我自己曾经历这个过程），以为拿着简单的 P/E、P/B 这样的尺子就可以到处"估一估"，并且还以为自己掌握了估值的"秘籍"，甚至对不同的意见还喜欢在网上"喷一喷"，实际上这是一种简单的机械主义的错误思维。

投资到底有没有一种简单的估值标尺，可以到处"量一量"呢？投资至今，我仍然没有找到这样简单的估值标尺，如果说有差不多的标尺，我认为未来现金流折现模型才是其中的"核秘密"，当然，我们也已经谈起过，这一"核秘密"也仅仅是给我们提供了一种终极的思维方式，或者说更多的是一种定性上的表达，而在定量上如果真的去拿着计算器计算，又容易犯下教条主义的错误。

巴菲特曾经告诉过我们这样一个公开的秘密：假如这家公司不上市，你可以全部买下来，看看到底值不值。老实说，作为没有什么实业经验的人，将这一点悟透也并不容易，但是随着时间的拉长，我认为我们还是可以慢慢达到这种评估新境界的。比如，无论投资什么样的品种（稳定增长、快速成长、困境反转），我们均要在现金流折现模型思维的指导下，以买下全部公司的思路来展开，这样我们就不至于犯下芒格所说的那种带有"锤子思维"倾向的教条主义错误了。

第二，投资组合的多元化，并不是盲目的分散化，反而是适度分散上的集中。有投资朋友认为，我的投资似乎是"打死也不卖"的那种，其实并不是，因为在我的组合之中有非卖品、收藏品，也有些利用市场卖出或者调仓的品种，而且后者还居多些。

但是随着投资时间的拉长，我们普通投资者最终要对自己狠一次，这个狠，就表现在你一定要抓住机会在极其优秀的标的上重仓持有，一旦找到了这种机会，就不需要再"花心"，就要忠贞不渝地安心地持有下去，进而让自己个人家庭的金融资产实现较大幅度的增值。

要知道，我们终其一生，可能会发现仅有极少数优秀或伟大的生意才值得如此"忠贞不渝"，甚至值得终身拥有，一旦找到了，就要不惧风浪，不畏颠簸，执着地抱牢它们，进而为自己或者代际的财富传承奠定基础。

第三，投资组合的多元化，更有些投资的乐趣在，更有助于自己克服人性弱点。投资这东西有时并不单纯是为赚钱，它也有好玩的一面，即自己的认知在市场中得到兑现，无疑也有一种成就感。特别是我们普通人，有时就更不要去挑战自己的人性，将自己的投资搞得那样"苦大仇深"，这样时间长了，自己的身体也是吃不消的。进一步说，如果我们不想让自己在一只股票上那样"憋屈"，也完全可以以组合去应对，始终让自己保持一种快乐、舒服的状态。要知道，保持这种快乐、舒服的状态，有时比多赚些钱更为重要。

有人曾问巴菲特那么有钱了，为什么还对投资如此乐此不疲呢？他的回答是，他喜欢看着钱慢慢增长。我们虽然永远无法与投资大师相提并论，但"悟股市之道，享投资之乐"应该作为投资的座右铭，这才是投资的真要义。

说到这里，我再爆一点个人家庭的"料"，在三年多的"地狱模式"行情中，我个人投资组合中的一些品种有了不小幅度的调整，总体账户市值一度缩水40%之多，有时我爱人就说，就这几天有多少多少钱给跌没了，不过，话题一转，她说现在倒不在乎了，一想到一时也花不了那么多钱，就释然了。我自己呢，则吹嘘说，我心里真是没有多大感觉，看来我天生就是做投资的料，呵呵。所以，投资有时也是个人家庭快乐的一部分，与自己的爱人时常保持必要的沟通与交流也是十分必要的。夫妻之间互相理解，最终达到投资理念上的相通，这样的投资才会变得更有意义。

最后归结到一句话，无论是你持有一只，还是以组合去应对，说到底是你基于机会成本而做的一种资产配置，或者说，这本身就是自己资产配置能力的一种体现，其中自然也含有一种投资组合管理的艺术。当然，这种能力与艺术，与那种频繁地在市场上高抛低吸不是一个概念。

股市里流传的最大"谬种"

在股市里待久了，常常会发现一些似是而非的观点影响着人们的投资行为，如果细细地琢磨，有的观点十分荒谬，但是有不少人奉为圭臬。比如，"会卖的是师傅，会买的是徒弟"，就是流传甚广的一句话，从投机的角度讲，或许是对的；从投资的角度讲，我认为却是谬种流传，害人不浅。甚至可以说，它是我们投资中流传的最大的"谬种"!

"会卖的是师傅",无疑是突出强调了"卖"的重要性,用这种思想去指导投资,自然在股市中就经常琢磨去卖,想着如何将自己的标的卖在一个较为理想的高点。然而,又有多少人能做到呢?据我观察,恰恰相反,很多人正是因这种时不时想卖的思想作祟,常常将自己心仪的标的卖在半山腰,有的哪怕当时看似乎是卖对了,但是假以时日,会发现是局部的、战术上的胜利换来了全局上的、战略上的失败。比如,在我过往的一些文章、帖子中,常有朋友留言道:本来跟你一起持有某某标的,我却在某某价位卖出了。在这些留言的背后,常常能够窥见那种过早卖出的无奈与叹息。

经常过早卖出优秀股权的问题,表面看来是一个卖出的技术性错误,但实际上反映了投资者的根本投资理念问题。首先再次申明,我并不是那种"打死也不卖"的价值投资者,相反我一直主张要因股施策,但就像我们谈恋爱的目的是结婚一样,我们在选择投资一家公司之前,也要本着这种"选股如娶妻"的原则去考虑,先将这个"卖"字从自己的脑袋里删去。不是吗?我们进入股市投资的目的是什么呢?回答是,取得优质股权资产,是不断地将自己的现金资产尽可能多地换取优质股权资产,因为中外股市的发展史已经证明,就超长的历史阶段来讲,优质股权资产依靠其时间的复利增长,才会给我们带来丰厚的财富回报,优质股权资产才是我们个人及家庭最值得配置的金融资产。

我们看一看世界上那些富有的人,他们是将大量的现金资产"藏之于名山,传之于后人"吗?并不是的,那些在排行榜上有名的富人很多都持有股权资产。我多年来的投资实践也告诉自己，如果说将现金资产转换成股权资产，是投资上"惊险的一跃"，那么，将股权资产转换成现金资产，然后再让现金资产转换成股权资产则是"更加惊险的一跃"。为什么说是"更加惊险的一跃"呢？因为在股权思维指导下，我们若卖出，还必须保证在某个时点接回来，而做到这一点，有时非常难，除非整个市场已进入"群体性癫狂"我们再考虑卖出，但即便是在这种情况下，如果自己没有十分的把握再接回来，对于极少数的稀有品种（收藏品、非卖品），就是不做这"更加惊险的一跃"，也没有什么大不了的。

再强调一遍，用现金买入股票是"为了持股"，这叫股权思维；卖出股票是"为了赚钱"（落袋为安），这是现金思维。目的不同，就决定了思维的不同。这一投资的目的性，决定了买才是最为重要的，相反，如何卖、何时卖，反而是一个不太重要的问题了。

中国股市的历史不长，但也已经有了很多精彩的实证。比如，前文已经提到格力的董明珠，除了股权激励，这些年来一直就是买买买，从未卖出过一股。我曾经提出一个十分"幼稚"的问题：董明珠会天天关心自己的持有市值，并且会时不时想择机卖出吗？显然，回答是否定的。如果说，董明珠作为格力的总裁，我们普通人不好效仿，那么看一看片仔癀的个人大股东王富济，这名投资者堪称个人投资者的榜样。根据公司财报公开披露的数据，自 2009 年他开始跻身前十大股东，持有 27 037 500 股，无论股价涨跌，十几年的时间就是"稳坐钓鱼台"，从未减持一股。不仅没有减持，2024 年上半年，还增持了 62 500 股。

今天网络的便利，让我们有缘接触一些优秀的独立投资人。

如在茅台上市后不久便买入，并且多年来持续投入本金和分红资金的ZZ贵州茅台价值投资之道，多年来坚定持有贵州茅台的任俊杰、乐趣（网名）、有智思有财、中国资本市场（网名）等，这些坚定的"茅粉"，仅仅依靠长期持有茅台，便实现了个人的财务健康、财务自由。格力上市以来，给它的长期股东也带来了巨大回报，市场上也有一小批忠实的"格粉"，长期以来不离不弃，现在他们仅仅依靠格力的每年分红，就已经过上幸福舒坦的日子。无论是忠实的"茅粉"，还是"格粉"，或者其他"粉"，这种"股东优生学"，实在值得我们投资者认真研究。

比如，我们看到，这些优秀的企业家或者优秀的投资者，从来就没有搞过什么"低估买入、高估卖出"之类的所谓高抛低吸，更没有从中"聪明"地研究如何做T[①]，相反，他们的头脑中可能删去的恰恰是那个"卖"字。我们中国哲学一向讲究"无为胜有为""不战而屈人之兵"，这些优秀的企业家和优秀的投资者，真是将这种大智慧体现得淋漓尽致。

有人说，投资只要读外国投资大师的书就可以了，至于国内的投资者写的书或文章就不要再读了。对此，我不敢苟同。确实，外国一些投资大师的书，特别是巴菲特致股东的信是值得投资者反复阅读的，但是，从实用主义的角度讲，读一读国内投资者写的书或文章反而受益更大，因为他们的书或文章更接地气。比如，早在2007年左右，国内著名的投资者李剑就写过一篇《做好股收藏家》，谈及了"严格选、随时买、不要卖"的投资策略。当时，李剑先生的这篇文章在网上受到很多人的非议，特别

---

① 做T是指当日买入和卖出。——编者注

是 2008 年 A 股又一度陷入漫漫熊市，这篇文章更是遭到一些人的"炮轰"。但是十几年的时间过去了，站在今年的时间节点上看，李剑先生当时的文章却是闪烁着智慧的光芒。

当时，李剑特别指明，"严格选、随时买、不要卖"这种投资策略，只是针对年轻工薪阶层提出的投资建议（年轻工薪阶层通过这种方法进行定投），并不是针对专业投资者和机构的。其中的"随时买"，是指不考虑复杂的估值和价格问题，每月都用工资奖金的 20% 进行买入而将成本摊平，然后在持有不动中获得优秀公司的价值增长。其中，核心是在"严格选"上。

怎样"严格选"呢？李剑指出，选择"垄断、提价、无限扩张"的行业优势，"产品独一无二、产品供不应求、产品量价齐升、产品永不过时"的产品优势，"品牌消费、大众消费、反复消费、奢侈消费、成瘾消费"的五种消费类型优势，等等。不难想象，如果谁当初果真按照这种投资策略去做了，坚持到今天即使没有实现财务自由，也已经获得不菲的投资回报了。

我今天之所以重温李剑先生十多年前的文章，其实最想强调的一个问题就是，投资的功夫要百分之百地用在"严格选"上，要切实从头脑中根除"会卖的是师傅，会买的是徒弟"这一害人不浅的"谬种"，最后让自己的投资组合做到"股"不惊人誓不休，这一步做好了，投资的大部分任务可以说就已经完成了。

我们普通投资者，绝大部分人的资金是陆续到位的，是逐年增加的（这也决定了我们分批买入，反而容易获取买入的平均成本），特别是对于一直拿捏不好估值的投资朋友，完全可以采取这种定投优秀企业（定投 5~10 家）的办法进行长期投资。当然，鉴于 A 股有时会暴涨暴跌，我们可以将李剑先生的这种投资策略做一下修改，即"严格选、适时买、不要卖"。

"严格选"，到今天仍然具有很强的操作性。本人不才，也曾经在《慢慢变富》一书中提出过"八不投""五性标准""九把快刀"等选股体系。总之，无论你是选择"皇冠上的明珠型"，还是选择"民族瑰宝型"，或者是选择具有良好赛道的"新兴产业型"，一定要秉持"宁坐十年板凳冷，不让组合一股空"的孜孜以求精神和严苛标准。

"适时买"，就是利用我提出的"三大机遇"之一，即长期大牛股阶段性调整之时买入。当然，如果碰上另外两种机遇（"大熊市、大股灾"和"王子遇难"）更好，但是这两种机遇往往是可遇不可求的，如果遇上了，更要重重下注。

"不要卖"，并不是说打死也不卖，但是我们买入就是为了拥有（股权思维，而不是现金思维），就是除非紧急用钱，除非企业基本面彻底变坏，除非市场估值疯狂得已经让你坐卧不安，一般高估了也不要卖。如此笃定地持有十年、数十年，或许我们就能够成就自己千万身家、亿万身家的财富梦想！

不做"年度价投""季度价投"

每到上市公司发布季报、半年报、年报的密集公告期，自己所投公司的业绩如何，自然是投资者十分关心的问题。我们不难看到这样一种现象：如果所持公司业绩表现亮眼，一些投资者便额手称庆，兴奋莫名，而对公司的点评也常常是好评如潮；相反，若低于预期，便不免沮丧，甚至对所持公司产生种种质疑，有的还会发表一些攻击性言论。更有甚者，他们口口声声地喊着要做长期投资，却将公司年报、半年报、季报的业绩表现作为自己买入或者卖出的依据。有些投资者，在公司年报、半年报、季报发布日期到来之际，心里紧张得要死，直到连夜看到业绩报告确实符合自己的预期，才会如释重负。将投资做到这份上的投资者，我感觉怪可怜的，不要说最终亏钱，就是最终赚些钱，也失去了赚钱的真正意义。

为什么一些投资者最终沦落为"年度价投""季度价投"呢？说到底，还是投资的一种短视行为，或者说，他们还没有真正进入投资的大门。

我们知道，一家公司再优秀，其业绩增长也不会是一帆风顺的，更多的是波浪式前进，因为在市场经济条件下，任何公司的发展都会受到国内外宏观经济、行业周期等客观因素的影响，管理层采取的长期或短期的发展策略得当与否，也会直接影响着公司发展的快慢，新冠疫情之类的"黑天鹅"事件也会对公司的发展造成临时性的影响，作为企业的外部投资者，对这种种影响因素哪怕你不吃不喝不睡觉地进行所谓的深入研究，若想全部弄清弄懂，也是不可能的。

面对这种种难以预料的因素，我们能够做到的唯有两点：一是用业绩数据验证其商业模式的优劣，看一看企业的护城河是在加宽还是在变窄，特别是要分析业绩出现下滑，究竟是公司本身问题，是行业问题，还是大的宏观经济问题，如果不是公司本身出现了问题，而是客观方面的原因，那么，公司一时增长变慢则完全可以无视；二是深入研究企业文化的优劣（通过长期跟踪，不断通过各种信息渠道去感知去分析）。只要一家企业的商业模式优、企业文化好，我们便完全可以安枕入眠，至于其年度、季度的增长或快或慢是可以忽略不研究的（因为这种所谓的研究，也多是瞎研究）。以下是我投资多年的一些经验。

第一，钝感力。我们价值投资者都知道对市场的波动要保持必要的钝感力，实际上对于企业经营上的短期波动保持这种钝感力，也是十分必要的。如果说我这些年在长期投资上还有些经验，这是很关键的一点。

第二，买入时的安全边际。近些年，A股有一个特点，就是不同时期流行不同概念和热点，如"核心资产说""赛道说"等，不一而足。当然，我也是"中国好资产""好赛道"的拥趸，然而再好的"中国好资产""好赛道"，买入之时也必须符合安全边际的原则。买入股权、安全边际、利用市场和能力圈，这"四项基本原则"是任何时候也不能违背，不能顾此失彼的。

固然，固守安全边际的原则，有可能让我们错失一些优质的上市公司，但是也能够有效地防止自己在投资中受重伤。在股市上投资，做到警钟长鸣，不受重伤，无论怎么强调也是不过分的。

第三，捕捉战机。虽然说，我们不做"年度价投""季度价投"，但是通过年报、季报进一步检视自己的持有标的，还是十分必要的。有时，调仓或者买入的机会常常隐藏其中。在股市上，我向来是个"择机派"，比如我提出的"三大机遇"说，其中之一就常常出现在上市公司年报、季报业绩不及预期之时。例如，2018年第三季度茅台的业绩因为不及预期，股价出现跌停，从当日释放的成交量来看，显然是不少投资者"跑路"了，实际上却给有心的投资者提供了舒服"上车"的机会。不难想象，看着后来茅台的股价很快收复失地，并且一浪高过一浪地上涨之时，这些"跑路"的投资者心里一定会不时地发出"惜夫，惜夫"的感叹。就是后来随着"茅指数"泡沫的破灭，股价向下调整三年多的时间，至 2024 年茅台的股价再也没有下探至当年的低点，甚至还要高过那时低点的两倍之多。我的一位投资朋友后来就曾不停地向我"诉苦"说，他就是在那个时候丢掉了茅台，成为他一生永远的痛。类似的案例，可以说举不胜举。

有道是，机会常常是留给有准备的人的，所以，自己若想抓住这种机会，关键还是要多做这方面的功课，做好充分的准备，以便及时扣动扳机，进而减少自己以后"惜夫、惜夫"的感叹！

如何正确评估投资业绩

每到年底，很多投资者都会对过去一年的投资业绩进行总结，我自然也不能免俗，比如，我在 2021 年投资总结时就将投资组合正式命名为"个人家庭非控股的多元化公司"，并且计算出公司市值的盈亏。但说实在的，对于一两年的浮盈或浮亏我向来是不太在意的，因为一两年的业绩如何根本说明不了什么，如果非要衡量自己的投资业绩，我认为应该以 5 年以上为期。

为什么非要以 5 年以上为期进行评估呢？

价值投资的祖师爷格雷厄姆说过："市场短期是投票机，长期是称重器。"但是这个"长期"究竟有多长呢？根据投资经验，我们已经过论过，至少是 5 年以上，一家企业的经营业绩才会在市场中基本得以体现，甚至有时时间会拉得更长（在波动较大的

A股更是如此）。而在短期，宏观经济周期的波动，行业政策的出台，不可预测的"黑天鹅"事件，市场热点的转换，市场参与者短期悲观或乐观的情绪，甚至一家企业管理层的更迭等因素，均会对一家公司的股票价格形成诸多扰动，进而造成股价大幅上涨或大幅下跌，时间越长，这种扰动作用会越小，市场对一家公司内在价值的"称重器"作用才会慢慢彰显。

谈到对一家企业内在价值的评估，段永平说过，"贵不贵看10年"。这句话看似轻描淡写，但对于长期投资者的启发不可谓不大，一个人的投资真功夫（对于一家企业内在价值的模糊评估）往往就体现在这里。当然，如果我们看不到10年，至少也当退而求其次，以5年为期进行评估，如此才不会被短期各种扰动因素牵着鼻子走，进而让自己保持长期淡定持有的定力。

由于自己近些年在投资上有了点小"知名度"，平时总会有投资者找上门来与我交流，但是交流多了，我心里有时就有些小失望，同时也有些小庆幸。之所以说有些小失望，是因为我发现即便是自己曾经很熟悉的投资朋友，真正能够坚持长期价值投资理念的人也是很少的（具体表现是他们虽然能够做到"选准"，却做不到"拿住"）；之所以说还有些小庆幸，因为正是坚持长期价值投资理念的人是"小众"，反而更让我们这些"小众"具有了长期赚钱的优势。一位投资者告诉我，你的这种投资体系从长期讲赔钱都是很难的，但是很多人明明知道却做不到，这是不是一个很有意思的话题呢？

是的，为什么有些人明明知道这种投资体系长期很难赔钱，却做不到呢？或者说，为什么一些人开始"立志"做长期价值投资，最终却沦落为"叶公好龙"一族呢？

原因是多方面的，但其中一个重要原因就是他们对投资业绩的评估体系还不正确，他们对于账户一两年的浮亏或浮盈看得太重，最终的结果就是：股票价格涨了拿不住，怕到手的利润跑了，尽快落袋为安；跌了也拿不住，担心自己的买入成本被击穿，快快脱手。总之，心理上是过不了这个业绩波动关的。

那么，如何过好这一业绩的波动关呢？正确的态度便是，对自己投资业绩的评估时间至少要拉长至 5 年及以上。比如，我就不止一次对爱人说，如果以后 5 年个人家庭的账户能够翻倍，就已经是"阿弥陀佛"了（实际上深谙价值投资之道的朋友知道，投资业绩如此保持 20 年、30 年，那就已经是世界大师级水平了），有如此心态，我就能够不过于看重短期涨跌，做到平时该干啥就干啥去了。

这里还要说明一下，个人投资者与机构投资者相比还是有很多优势的，优势之一，就是我们可以以 5 年或者更长的时间来评估自己的投资成绩，相比较之下，很多机构投资者因为短期排名制度的安排以及资金性质，可能心理上就做不到如此淡定，甚至因为这种"变态"的激励机制而派生出一些"变态"的投资行为，哪怕他们标榜自己是巴菲特式投资者，但是在实际操作中又难免与巴菲特的投资思想、投资策略相去甚远。个人投资者万万不可丢掉我们这一大优势。

如果说上述这种评估方法，还是"模糊的正确"，那么，还有一种计算方法更为精确一些。

我说过，投资要善于向优秀的个人投资者学习，比如，陕西煤业前十大股东之一张尧先生，就是国内一位著名的个人投资者，据有关介绍，他的 20 年投资复合收益率在 40% 左右，他曾公开发表文章说，他自己的亲身实践也证明价值投资在中国股市是可行的。那么，他是如何计算自己的投资业绩的呢？

用持股数乘以每股利润作为自己的利润，以收到的股息作为自己的现金流，构成自己的利润、现金流体系。通过关注自己的总利润和总现金流，这个核心要回到关注拥有企业的股份数量，这就是一种认知的升华，这种认知可以减缓短期股价波动对自己的心理冲击。回到投资的本质，买股票就是买公司，既然是买公司，你当然希望同样的钱多拥有公司的份额了。

张尧的这种算法是不是很令人震撼呢？我认为，说震撼也震撼，说不震撼也不震撼。

说震撼，是因为很多股票投资者缺少这种认知，他们多是以股价的涨跌论英雄，是以股价的多少来计算自己的投资业绩的。说不震撼，是因为说穿了，这种计算方法仅仅是商业上的常识。比如，我们与他人合伙经营一家实体公司，会不会这样计算自己的收益率呢？我想一定是的，只是到了股市中，很多人就忘记或者就不明白这个常识了。

读过巴菲特致股东的信的人知道，这种计算方法，其实就是巴菲特所说的"透视盈余"。巴菲特在1990年致股东的信中说：

我相信，评估我们真实盈利状况的一个最好方式是使用透视盈余这个概念，具体计算方式如下：先计入2.5亿美元——这是我们在被投资公司那里按持股比例应占的利润；然后减去0.3亿美元——这是我们一旦收到上述2.5亿美元后必须缴的股利所得税；最后再将剩余的 2.2 亿美元加上我们的报告利润 3.71 亿美元，从而可得出我们 1990 年的透视盈余为 5.91 亿美元。

无论是张尧的计算方法，还是巴菲特说的"透视盈余"，他们计算投资业绩的方法均回归到了"买股票就是买公司"这个"原点"。而且，如此评估自己的投资业绩，就可以专注于"比赛场"，而不会盯着"记分牌"了，因为后者，说到底是精确的错误。

此外，这种计算投资业绩的方法，也进一步告诉我们，要投资于那些自由现金流持续增多、受限制盈余少的"赚钱机器"，规避那些账面利润看起来很好看，实际上受限制盈余多的"烧钱机器"。

论分红的重要性

一家上市公司是否应该分红？要具体公司具体分析。一般来说，公司在初创期、快速成长期，可以不分红，尽最大可能将利润进行再投资，以更好地为股东创造价值，但是进入相对成熟期，还是应该通过分红回报股东的。

我们投资者所熟知的巴菲特的伯克希尔–哈撒韦公司，因为有大师的妙手进行资本配置，利润再投资的收益率一直较高，这种情况下也是可以不分红的（历史上伯克希尔–哈撒韦公司仅有一次少量的分红）。但是，真正能够做到像伯克希尔–哈撒韦这样高效配置资本的公司不说绝无仅有，也是十分稀少的，特别是很多企业家往往具有不畏艰难险阻的创业精神，一方面具有这种精神促使企业创办、经营成功，但另一方面，也正是由于他们具有这种性格特质，并且多年的成功更容易强化他们的这种性格特质（加之周围的人和下属有意或无意的不吝奉承和赞美——要知道这是人性），所以我们看到，一些公司盲目地走出自己的能力圈，盲目地上新项目、大项目，盲目地做大做强，反而将剩余的现金流白白浪费掉，甚至将公司带入死亡的深渊。这样的例子在企业界，可以说屡见不鲜。

因此，公司一旦进入相对成熟期，或者公司账上"现金泛滥"，就应该将剩余盈余尽可能多地分给股东，这一点，是就上市公司而言的。那么，对于我们个人投资者，获得分红重要不重要呢？

如实说，在投资的早期，这个问题并没有引起我足够的重视，但是随着投资时间延长，自己的资金量相对增大，我觉得对于我们个人投资者，每年投资组合中留一定数量的分红反而更为重要。比如，账户里每年的分红收入便可以满足自己的日常开销之时，是一种怎样的感觉呢？这是一种很美妙的踏实感觉，而且这种感觉也时常让自己的投资更有成就感。

特别是像我们这种以年为时间单位持有的投资者，在以后的投资岁月里必然会碰到"凄风苦雨"的难耐日子，而有分红保底，自然也会平添一种持有的宁静感。在这种情况下，将分红再投资（想一想杰里米·西格尔所说的"熊市保护伞"和"收益放大器"），或者将分红收入用于改善生活，自然就进入投资的另一番境界了。经常有朋友夸我投资心态好，其实有分红保底也是我能够保持好心态的重要因素之一。

在 A 股市场，著名的个人投资者"散户乙"说过一段话，我印象十分深刻，他说："当我持有足够多零成本的、不会倒闭的、不用配股圈钱的、可持续分红的股票，这个股市像赌场也好，不公平也好，就与我无关了。我已沉入海底，海面的波涛与我无关了。"

"我已沉入海底，海面的波涛与我无关了"。这句话说得多好啊！

据雪球的"汇编室"（网名）介绍，2013—2022 年，散户乙主要买入两只股票：泸州老窖和中国神华，10 年间获得了大约 30 倍收益，其个人金融资产实现了大幅度的跃升。他是怎么做到的呢？

2013 年，在白酒行业出现"黑天鹅"之际，他用"10 年分红收回成本"的股权思维买入泸州老窖，一直持有到 2021 年 3 月，获得了巨大的回报，这期间经历了 2015 年的股灾、2018 年的熊市、2020 年的新冠疫情等考验，但他一直坚定持有，且用分红不断再投资。

2021 年年初，他运用同样的"10 年分红收回成本"的股权思维，将泸州老窖部分卖出，买入中国神华，回头看，这又是一笔非常精彩的转换。

散户乙这种"10 年分红收回成本"的股权思维给我们投资以很大的启发。

与"一万年太久，只争朝夕"，想快速致富的投资者不同，他的目光一开始就放在了 10 年后。那么，假设股价不涨，仅依靠"10 年分红收回成本"的年收益率是多少呢？ 7.18%。当然，散户乙最终是收到了守正出奇的投资效果。这种办法表面看来很"笨",也很"懒",甚至很多聪明的投资者对年复合收益率7.18%会看不上眼,但其中蕴藏着投资的大智慧。

对于普通投资者,将个人家庭的现金资产慢慢转换成优质股权资产是一次深刻的革命,而"革命"的首要成果,就是要率先实现依靠年度分红便能够满足日常生活的目标(如果依靠分红10年收回投资成本更好),在此基础上,再向更高的财务目标迈进。

投资的"八字诀"

前文提到,国内著名的投资者任俊杰先生对于长期价值投资曾总结出精辟的四个字:选对、拿住。他在我所著的《慢慢变富》一书的序言《富裕、富有、慢慢富有》中也曾对这四个字做了精辟论述。在此基础上,我再加四个字:收息、攒股。是的,我们的投资完全可以高度概括成"八字诀",即选对、拿住,收息、攒股。

巴菲特说过这样的话:"价值投资的理念看起来很简单也很普通,它就像一个愚蠢的人去上学,却获得了经济学的博士学位。它还有一点像在神学院读了八年书,不断地有人告诉你十诫就是你人生的全部。"是的,价值投资这东西,从理念上来讲确实没有多少可谈的,如果说,还有什么十诫式的东西,那我认为这个投资的"八字诀"就可以列为十诫的重点内容之一。特别当市场也是以年为时间单位进入长期低迷期,当你的持有快坚持不下去的时候,你就默念这"八字诀",一定会有满满的治愈感!

我向来认为，最好的投资分享并不是告诉别人如何去做，而是告诉别人自己是如何做的。前文提到过，为了验证长期价值投资在 A 股的可行性，我自 2015 年起先后在新浪博客、雪球、个人同名微信公众号上分享了我管理的女儿投资账户，其中每笔交易均进行了公开记录。下面，就以这个账户的两个案例，来说明我是如何落实投资的"八字诀"的。

- 东阿阿胶：根据女儿账户记录，2015 年 1 月 5 日，持有东阿阿胶 2 400 股，持仓成本 36.357 元 / 股，持有市值 87 256.8 元，至 2024 年 "9·24" 行情逆转之前，已积攒至 9 500 股，持仓成本 34.847 元 / 股。
- 格力电器：根据女儿账户记录，买入时间为 2019 年 5 月 10 日，买入 1 400 股，成本 53.84 元 / 股，持有市值 75 376 元。至 2024 年年底，已积攒至 11 300 股，持仓成本 39.22 元 / 股。

以上两个案例，持仓成本不仅没有增加，反而是下降的，但持股数额大幅增加，这一切均是拜"股价长期低迷"所赐。

我女儿账户初始资金是有定额的，即自 2015 年起投入 50 万元，以后账户没有增加一分钱，所以，多出的这些股份，均是通过前几年打新股、收股息而得的。股价长期低迷，我坚定地落实这投资"八字诀"，最终取得了超预期的收益。

长期"拿住"容易吗？并不容易，特别是当市场长期低迷，一家企业的内在价值没有在市场充分体现的时候，坚持并不容易，而当面对一些人嘲笑的时候（由于女儿账户是在网络上公开分享的，我时常会遭到一些人的嘲笑，特别是在持有东阿阿胶几年的时间里一直如此），若是意志和信念不坚定，更是容易动摇自己的心智。

长期"拿住"难吗？想明白了也并不难，因为只要在正确的方向上坚持就可以了，其中关键之关键还是要让自己有一种极致的股权思维，有了这种思维，坚持下去也就不难了。"要想富，攒股数"，想通了这一点，不仅不难，反而可以利用市场的长期低迷期，让自己的投资进入"收息＋攒股"的舒服状态，而且在这种舒服状态下，真可谓是"韩信将兵，多多益善"！

芒格说过，价值投资者需要具有延迟满足的品性，何谓延迟满足呢？我个人的理解，就是要处理好短期收益最大化与长期收益最大化的关系，即股价快速上涨，能够满足我们短期收益最大化的心理，却可能损害长期收益的最大化；而股价下跌，一时不能满足短期收益最大化的企盼，却会满足长期收益最大化的目标。

巴菲特也曾经有过一个形象的比喻，即有些人今天买入股票第二天股价上涨了，他们就像头一天晚上自己的车加满了油第二天油价突然上涨了一样高兴。但是难道他们以后就不加油了吗？显然不是。实际上这又是投资中的一个常识，只是这个"常识"，很多人一进入股市就又忘却了。

可能有人会说，难道股价永远不涨，你也能一直这样延迟满足下去吗？当然不是，因为我们已经说过，在股市里还有这么一个"公理"，即有些事情我们知道它迟早要发生，只是不知道它会何时发生。知道这样一个"公理"，实际上就够了，这也是我们长期投资取胜的一个强大的思想武器。所以，股价低迷时间越长，越有利于我们将优质股权搞得多多的（多一手是一手），从某种意义上讲，这也是一种"高筑墙，广积粮，缓称王"的投资策略。

当然，我们说缓称王，并不是说永远不称王，真正到了牛市亢奋状态下，我们最终还是要称王的，只是此时投资的"八字诀"可能就没有用武之地了，至少后面的"攒股"两个字就失灵了！

可口可乐小镇的启示

网上流传着这样一个财富神话。美国有一个叫昆西的小镇（有人称之为可口可乐小镇），位于美国马萨诸塞州诺福克县，面积69.6平方公里，共有8万多人。这里大多数人是千万富翁、百万富翁。

昆西小镇的人们原来以烟草为生，虽然辛苦劳作，但是依然很贫穷，看不到改变财富命运的希望。他们后来的财富来源于100年前的祖先，这个人就是小镇的银行家帕特·门罗。

可口可乐股票，1919年上市时股价为40美元/股。那时美国股民不知道未来它将是一只神股。所以，上市之后，股价在一年内腰斩，跌至每股19美元。

帕特·门罗却非常有前瞻性，认为这将是一只穿越时空、穿越牛熊的神股。因为它的产品成本很低，就是糖和水，但是市场广阔度、品牌认知度、毛利率都是惊人的。

于是，他建议小镇居民向他的银行贷款，买入可口可乐的股票，以后用分红、工资慢慢偿还贷款。

帕特·门罗在小镇的口碑一向很好，于是居民们听从了他的建议，每家每户都开始买入可口可乐股票，有些是用贷款。并且，他们都听从了帕特·门罗的忠告："无论悲伤还是喜悦，贫穷还是富有，请继续持有可口可乐股票。"

在上百年的持股过程中，小镇居民经历了多次熊市的考验，包括1930年的经济大萧条，1999—2005年可口可乐因为利润下滑股价连续下跌近7年，总之，股价无论是腰斩，还是后来大幅上涨，小镇人依然紧捂着手中的可口可乐股票。这个小镇的后代，终于因为持有可口可乐这只神股而变得富有——平均每户都赚了100万美元以上，加上每一年股息的投资回报，可口可乐的股价在100年的涨幅竟然高达50万倍（计算一下，年复合收益率为14.02%）。

昆西小镇的后代，至今依然清晰地记得帕特·门罗生前的话："无论悲伤还是喜悦，贫穷还是富有，请继续持有可口可乐股票！"

大家读到这个故事是不是感觉很震惊呢？

当然，故事的真伪我并没有考证，因为按照常识，8万人（且不仅仅是一代人）均能够在如此漫长的岁月之中，经受住人性的巨大考验是很难想象的，如果真是如此，那就堪称世界奇迹了，我们就姑妄听之吧。

不过，有一件事确是可考的，就是巴菲特58岁时（今天的年轻人，或许以为这个年纪再投资已经够"老"了），即1988年他开始买入可口可乐的股票，到1994年8月，他的伯克希尔-哈撒韦完成了4亿股可口可乐股票的买入，投资总额为13亿美元，这对当时的伯克希尔-哈撒韦来说是一笔非常大的数目。巴菲特2022年在致股东的信中披露，1994年他从可口可乐公司收到的现金分红为7 500万美元。到了2022年，分红已经增加到了7.04亿美元。可口可乐每一年的分红都有增长，就像每年过生日一样确定。

巴菲特说，他和芒格只需要拿着可口可乐的季度分红支票去银行兑现就行了。他预计，这些分红支票很可能会继续增长。

这些分红收入固然可观，但真正让人赞叹的是可口可乐给伯克希尔-哈撒韦带来了巨额的资本性收益。截至2022年年底，伯克希尔-哈撒韦持有可口可乐市值已达250亿美元。

可口可乐作为巴菲特"永恒的持股"，曾遭到一些人的质疑，因为在可口可乐高达50多倍市盈率估值时，巴菲特并没有"聪明"地抛掉。今天看来，巴菲特这种貌似愚钝，实则是大智慧的"永恒的持股"最终还是给他带来了巨大回报，因为仅仅是每年的分红收入就很令人流口水了！

我们算一算时间，巴菲特比昆西小镇居民买入可口可乐的时间晚了近70年，巴菲特也曾就此自嘲说自己的大脑与手的"联机"太慢。当然，巴菲特投资可口可乐的这一实际案例，也证明了我们中国的一句俗语：好饭不怕晚。

无论是昆西小镇居民投资可口可乐的故事，还是作为"老年人"的巴菲特投资可口可乐的实际案例，带给我的冲击力还是很大的，并让我不由自主地展开遐想：在我们中国股市是不是也有这样可以穿越时空、穿越牛熊的神股呢？

我估计读到这里的读者朋友一定会立马脱口而出：贵州茅台。

是的，就是贵州茅台，我认为虽然在国际化上它还不如可口可乐，但在商业模式上丝毫不逊色于可口可乐。

这里，我再爆一点自己的"料"，即在2022年10月，正值茅台股价大跌至接近腰斩之时，在一次与投资的朋友小聚中，我借着酒劲儿算了这样一笔账（当然这并不是醉话，我还将这些醉话写进了公众号文章；在2024年8、9月茅台下跌成为"茅金坑"时，我同样也将这醉话写进了公众号文章）：

在我们这个比奥马哈还要大一些的地方，如果你家里有矿，可慢慢收集3 000股茅台股权（1 000股可"物化"为自己家的一座"小酒窖"，有条件的收集一座"小酒窖"也可以），然后就等于茅台每年给你开一份"年薪"，差不多就等于一位员工为你家"打工"了！

实际情况怎样呢？2022年，茅台每股分红25.911元（含税，下同），则3 000股可得"年薪"77 733元；2023年，茅台每股分红30.876元，则3 000股可得"年薪"92 628元。其中，2022年11月29日、2023年11月21日，茅台还进行了两次特别分红，分别为每股21.91元、19.106元，即分别"多"获得了65 730元、53 718元。

这里的关键是，在我们可以视见的未来，无论茅台公司增速或快或慢，它还是可以永续将"年薪"给你"开"下去的！"永续"这一点最为关键，所以，投资需要登高望远，不要仅看到现在，还要展望未来10年，或更长的时间，即使未来茅台增长碰到天花板了，它大概率会成为一张高息债券式投资，长期跑赢通胀应该是没有问题的。

想一想,这是一个多么美妙、得意的事情啊!

所以,我对女儿也说下了如下的话:"无论悲伤还是喜悦,贫穷还是富有,请继续持有茅台股票!"

做一名好股收藏家

由于激励机制的不同,普通投资者与机构投资者的投资策略是不同的,普通投资者若想在股市里取得长期的合理收益,一定不要受到机构投资者操作策略的影响,而要形成适合自己的投资策略。这一点,是我多年投资的一个深刻体会。而随着投资时间的积淀,我越来越认为,普通投资者最好的投资策略便是做一名好股收藏家,而这一点也是绝大多数机构投资者做不到的。

首先申明,做好股收藏家并不是我的发明,而是国内著名投资者李剑先生大约在2007年提出来的。这一点,在前面的章节已提过,同时,我还将他提出的"严格选、随时买、不要卖"的投资理念做了适度修改,即"严格选、适时买、不要卖"。

《孙子·谋攻篇》有言:"知彼知己,百战不殆。"我们普通投资者进入股市用的是自己的真金白银,不管你投入的资金是多是少,均是我们的血汗钱,所以,在入市之前,一定要首先明了我们的优势和劣势在哪里。就劣势而言,普通投资者多不具备团队、信息、调研等优势,如果是上班族还没有过多的时间去研究投资。但就优势而言,我们至少有两点:一是我们有固定的工资收入或有实体创业的收入,可以用一生的时间去规划自己的投资；二是我们的现金流是慢慢流入股市的，开始时本金少，可能很多人以为是劣势，其实在我看来，这恰恰是普通投资者的优势所在（这一点，下文会谈）。正是由于我们具有这两点优势，所以在投资上更应该坚持做到以下两点。

一是用自己一生的规划去严格选。还记得"荒岛挑战理论"吗？若我们到一个荒岛上去生活10年，会买入什么样的公司呢？自然我们会以10年甚至更长的时间维度去严格选。那么，顺着这个思路去考虑，假如自己用一生的规划去投资，我们又会做出什么样的选择呢？我想，除了李剑先生所提出的那几点，我认为最应该遵循的选择思路，还是巴菲特所提出的经济特许权思想，即要选择具备以下5个突出特点的"极品"标的：

- 被人需要。
- 不可替代，有时这种不可替代是消费者心智层面的。
- 定价权。
- 可以容忍平庸、无能的管理层。
- 长期抗通胀。

经济特许权思想，可谓巴菲特投资思想的精髓之精髓，也是我过往写作一直念念不忘的投资思想。如果说，在股市里投资还有"一剑封喉"的招数，我认为这一招儿就是。而且我认为，如果你熟练地掌握了这一招数，你就完全可以股市里笑傲人生！

二是用自己一生的规划去"攒股"（收集股权资产）。我们前面已经讨论过，股权资产实际上是一种流动性很差的资产。获取优质股权才是目的，现金只是手段。不断地将个人家庭的现金资产变换成优质股权资产是一次深刻的革命。当然，这个革命主要是个人观念上的革命，是由投资的外行变成投资内行的一次革命，因为长期讲，银行现金资产（存款）表面看来是安全的资产，实际上是风险较大的资产；优质股权资产短期来讲貌似是风险较大的资产，实际上是较为安全的资产，如果现金资产长期被排除在这个游戏之外，才是最大的财务风险。

说到这里，可能会涉及一些普通投资者，特别是年轻的投资者本金较少的问题，其实在我看来，这恰恰是普通投资者的一个优势，比如，本着勤俭节约、延迟满足的原则，可以慢慢将生活中的现金流适时买入优质股权资产，甚至这种买入是以年为时间单位来进行的，这样就可以解决心态不稳的问题，要知道在股市中心态不稳，才是投资的大敌。

仍以我公开分享的女儿账户为例，目前持有的几个标的，如茅台、东阿阿胶、格力、通策医疗、恒瑞医药都不是一次性买入的，后来多出来的股份，多是利用前几年打新股的收入、换股、每年的股息而不断收集的。最近两年才建仓的恒瑞医药，因为"集采"的影响股价降下来之后，我便计划利用三四年的时间去买入，如此长的时间足以买在一个相对合理的价位，实践证明效果也不错。

这种以年为时间单位去攒股的投资策略，机构投资者能够做到吗？它们多数是做不到的，因为资金的性质决定了它们越是在股市进入低迷期，越要应对资金的赎回而不得不卖出便宜的优质股权。这也是优秀的个人投资者长期能够战胜机构投资者的一大法宝（当然，我们投资的目的并不是要去战胜谁）。

投资中，可能还有估值问题困扰着很多普通投资者，即自己心仪的"极品"标的，可能长期处于一种不太便宜的状态。怎样化解这个问题呢？仍然是以做好股收藏家的心态，然后以年为时间单位去买入，如此在估值差不多合理的情况下就可以扣动扳机了，而且由于是很长时间的收集、攒股，虽然不可能买在最底部，但是最终买入的成本也不会太高，哪怕有几笔资金买入时估值较高了，时间也会慢慢化解掉的。

那么，关于卖出呢？可能很多投资者在自己的头脑里始终绕不开这个问题。正如我们已经讨论过的，先将"卖"字从自己的投资字典里彻底删掉，让它不留一点痕迹。不是吗？如果你家里拥有一个或几个印钞机式的企业，你还会动不动就想将之卖掉吗？显然是不会的。作为长期价值投资者和好股收藏家，从来仅仅是止错（发现买错了，或者企业基本面发生根本性变化了卖出），而不是止盈，更不是止损。

芒格说，我们不局限于谈投资，而是整个人生。是的，投资关系到我们人生的成败得失，这里我就将自己的一点人生感悟也记录于此，算作本章即将结束时的一个"光明的尾巴"吧。

你无论是在体制外工作，还是在体制内工作，从年轻之时就要有自己一生的财务规划，特别是在体制内工作的人（体制外的人有望通过创业获得财务独立），如果从年轻时就本着做好股收藏家的思路，用生活中富裕的现金流慢慢去收集优质股权资产（包括指数基金），到你老年之时，就拥有一笔"硬资产"（优质股权资产），相当于家里拥有了一台"小小印钞机"，那将是一种很踏实、很宁静、很美好的感觉。现实生活中，我见过太多这样的人，当他们在职业生涯中练就的所有才能"一夜清零"（退休）之时，他们突然发现自己原来并无所长，进而表现出的那种失落、空虚，特别是经济上的窘境是很令人唏嘘感叹的。钱的问题并不是人生的全部问题，但是有钱确实可以解决人生中的大部分问题，特别是当你达到财务独立、财务健康的时候，你人生中的那份淡定与从容，才会让你感觉到"风景这边独好"。所以，我们人生在世并不需要太聪明，但是不应该缺少生活的智慧，包括投资的智慧，如此，才会让自己和自己的家人过上一种有尊严、独立、幸福的生活。

牛市亢奋状态下的策略应对

投资重要的是要让完善的系统管住自己，这个系统就包括卖出系统。由于A股的历史并不太长，因此仍然具有一些"不成熟"的特征，比如明显的政策市特点，容易大起大落、牛短熊长等。未来随着体制、机制的健全，是不是也会像美股那样走出长期慢牛呢？这有待于我们在投资中不断地去观察，去适应。然而无论是在国外成熟的市场，还是在A股市场，在某个阶段形成牛市的亢奋状态也是难以避免的（这是由人性的底层逻辑决定的），特别是从A股的历史上看，不牛则已，一旦牛起来，则容易形成"疯牛"，如2007年上证指数至6 124点的"疯牛"走势、2015年上证指数至5 178点的"杠杆牛"、2024年"9·24"行情逆转之后的强悍飙升走势等。特别是在今天的互联网时代，网络上的各种舆论也更容易迅速燃起这种牛市亢奋的激情。那么，在这种牛市极度亢奋的状态下，我们又如何应对呢？

第一，对于非卖品、收藏品，仍然是删除一个"卖"字。

比如，就我本人而言，茅台这种投资品种，2012年买入以来，我只有买入没有卖出，无论市场风云如何变化，我主要是锚定在它每年的分红收入以及未来成长的收益，而对于赚市场波动的钱，我则主动放弃了，当然前提是它别变坏。这个"变坏"是指，它不再是中国最好喝的白酒之一，如品质变差了；公司开始多元恶化经营，比如开始生产空调、新能源汽车等；赤水河和茅台镇的生态变坏了，已不再适合生产茅台酒了；等等。除此之外，就是"任尔东西南北风"，我就像贵州省离不茅台这个"大酒窖"一样，铁定当它的长期股东，不仅想将它作为自己的养老股，甚至还考虑将它作为财富代际传承的"小酒窖"。当这种"小酒窖"收藏家有什么好处呢？就是无论市场处于多么疯狂的状态，抑或处于多么低迷的状态，自己却是心安的，而在投资中始终保持心安的状态，我自认为有时比多赚点钱更重要。

为什么我在投资中如此"执迷不悟"，不再想赚取市场波动的钱了呢？因为依我的投资经历，我认为在自己一生的投资中一定要对自己"狠"一次，这个狠包括两个方面：一是抓住机会狠狠地重仓持有，二是将"卖"字从自己头脑中删去，不再对市场先生的媚惑动心，这也是对自己投资克服"贪"字的一种切实修炼。当然，这也仅是适合我个人的投资情况，不同的投资者可以有不同的投资策略。

第二，对于卖出的品种，设定一个大体的原则。如实说，在这个市场上，在我们自己的能力圈内，真正值得作为收藏品、非卖品的投资品种是极其稀少的，大部分投资品种还是要视市场的疯狂情况卖出，或者适度减持的。具体来讲，究竟设定一个什么样的卖出原则呢？前面的章节实际上已经提到，当毛估估股价透支了未来5年或更长时间的企业业绩增长时（这种毛估估可以按照当下的业绩增长速度线性外推），就要考虑择机卖出或适度减持了。为什么设定5年左右的期限呢？因为根据经验，市场先生的"能见度"多是在5年的时间限度之内，从过往A股形成的大泡泡看，也多是透支未来5年左右的时间增长，而真正优秀成长的企业通过5年左右的时间调整，就算前期股价形成大泡泡，也差不多会被挤干净的。当然，以上也仅仅是我的一点卖出或适度减持经验。而这种所谓的经验，也多是从历史中总结出来的，对于未来究竟有多大的指导意义也不好确定。但总体而言，如果股市进入牛市的亢奋状态，我们价值投资者一定要坚决摒弃熊市思维，适度放宽自己的卖出尺度，切不可小富即安，早早地落袋为安。在这个方面，一些价值投资者由于多是从熊市之中长时间熬过来的，风险意识早已深入骨髓了，所以最容易犯的错误是过早下车，正所谓"打个饱嗝"就给卖出了。

投资有时也如行兵打仗，在牛市亢奋状态下，我们做投资时不仅要习惯于"打游击战"，也要有更大的气魄去进行"三大战役"的反攻。总之，我们人类吹出第一个"郁金香泡沫"以来，还没有哪个大泡泡不会最终破灭，但是在大泡泡破灭之前，一定会有过激反应，而且这种过激也往往超出正常人的想象，此时的投资一定要敢于争取长期胜利，善于争取长期胜利。

当然，投资最终还是要以"稳"字为先。为了稳妥，可采取分批卖出的策略，而卖出之后的买入，仍然要坚持安全边际的原则，如果实在找不到具有安全边际的投资品种，则可以将资金暂时撤出，保住胜利成果，等待下一次机会的来临。此时，最大的忌讳是卖出后发现股价持续上涨，忘记了自己的买入原则，慌不择股又杀了进去,最终亏损的种子往往就这样种下了!

　　这里,我还要"兜售"我的一个小技巧。如果因一时估值过高而卖出优秀上市公司,最好的办法是留有小部分仓位,以便让自己密切跟踪,保持自己的投资感觉,等待日后具备安全边际时再考虑介入。否则,若全部卖出,可能就没有投资感觉了,甚至会永远地"拜拜"了。当然,这一切也要根据每个人的投资偏好来定夺。

IV

第四章

修养篇

作为人，何谓正确

稻盛和夫被称为日本的经营之圣，他的经营哲学用一句话概括就是："作为人，何谓正确。"且听一听稻盛和夫在他的书中[①]是怎么阐述的：

在判断事物时，这个"心灵结构"是如何发挥作用的呢？一方面，基于"本能"做出的判断，得失就成为基准。比如，人就会把是否赚钱，对自己是否有利作为基准，做出判断。另一方面，依据"感性"做出的判断，比如"讨厌这个做法""喜欢这个人"等等。这样的判断，即便一时行得通，也不一定带来好的结果。

那么，用"知性"做判断会怎样呢？条理分明，思路清晰，

[①] 资料来源：稻盛和夫. 心：稻盛和夫的一生嘱托 [M]. 曹寓刚，曹岫云，译. 北京：人民邮电出版社，2020.

逻辑通畅，看起来很有道理。但是，知性并不具备对事物做出判断的功能。不管多么讲究逻辑，这个逻辑实际上往往还是基于本能和感性做出的判断。就是说，用本能、感性或知性，并不一定能做出正确的判断。越是人生中重要的局面，越是决定公司走向的关键判断，就越是需要基于"真我"的"灵魂"。

所谓"发自灵魂的判断"，归根结底，就是前面讲的，以"作为人，何谓正确"为基准做出的判断。不是以"得失"，而是对照单纯的道德和伦理，以单纯的"善恶"作为判断的标尺。换句话说，就是做符合正道的判断。让这样的规范在自己的心中深深扎根，这样的人，即使碰到未曾经历的局面，或是遭遇必须迅速做出判断的事态，不管什么时候，都能做出正确的判断，把事业引向成功。

"作为人，何谓正确"，一个如此简单的道理，居然被奉为经营哲学，实事求是地说，在一开始（多少年前我就读过有关他的书籍），我是感觉迷惑不解的，甚至感觉有些虚，但恰如稻盛和夫所说，做人要诚实、善良、正直、谦虚、坚强、自利利他，不能太自私，不能虚伪、懒惰、傲慢、贪婪，不能骗人，不能损人利己、损公肥私，这些从小就被灌输教育的简单道理，在人们长大以后容易被一些本能、欲望、愤怒、抱怨等东西所掩盖、所蒙蔽，更容易丢失，更不容易坚持。

稻盛和夫说，将这些简单而又深刻的道理运用到企业经营和企业决策中去，会收到奇效。

当日航面临破产，他受命于危难之际，并没有讲什么组织管理方法，也没有讲什么经营技巧之类，反而是连续召开从领导干部到一般员工的"哲学学习会",从改变人心开始,反复讲"拼命投入工作""不忘感谢之心""保持谦虚坦诚之心"等道理。

不仅如此,在企业面对一些重要决策之时,他并不急于拿出自己的意见,反而是让人们跳出企业一时得失的思维局限,以"作为人,何谓正确"这样的基准对事情做出判断,进而统一思想,做出有利于长远发展的决策。

正是由于这一哲学思想很快渗透到员工心里,日航在一年的时间内转亏为盈,取得了远超预期的效果。

稻盛和夫说,人心这个东西,确实易变,然而,一旦人心凝聚,就能发挥出强大的力量,这是任何东西都难以替代的。

有人说,所有成功的优秀企业家,都是洞悉人性的大师,此话确实不假。随着我年龄的渐长、人生阅历的增加,对于稻盛和夫的这一经营哲学,反倒是越来越认同了。不仅十分认同,而且从我的投资实践看,还对我的投资有着很大的帮助、启发和借鉴意义。

比如,我们在股市中投资,很多时候要面对市场的向下波动,有时甚至是巨大的波动。此时,我们在本能上会恐惧,心理上会波动;从感性上来讲,也是没有人喜欢股价持续下跌的。但是,"作为人(企业的投资者),何谓正确"呢?这么一追问,我们那颗躁动不安的心就容易安静下来。

是的,我们是企业的投资者,我们投资于一家企业的根本目的,是要分享其未来的价值成长,股价一时下跌会影响企业的正常经营吗?显然不会。真正的投资者与企业经营者的心实际上是一致的,看到自己心仪的股权资产便宜了,正确的态度是有钱继续买入,而不是相反。

远的不说，当茅台2022年10月股价向下调整至1 800元左右时，我又尽个人资金之可能（主要是换股），连续在1 800元、1 700元、1 600元、1 400元的价格挥杆买入。挥杆时，我并不知道后来的股价会掉至1 333元（为当时未分红除权的价格），当时我猜想，市场上一定会有很多人继续看跌股价至1 300元、1 200元、1 100元的，甚至有的人还会等着它跌破1 000元的，但是我并没有顾及那么多，认为到了"击球区"就挥杆。同样，2024年6月25日，当它股价跌至1 400~1 500元区间时，虽然市场上一度出现了各种各样的"茅黑"言论，但我也没有顾及，又一次挥杆，同样我也没有料到的是后来它又跌出了个"茅金坑"（2024年9月19日，股价最低跌至1 245元）。这一次次的挥杆，本质上是我这种投资哲学的胜利，即"作为投资者，何谓正确"。进一步说，就是作为一个企业投资者（站在企业的角度看问题），见到自家公司股价跌至合理或较低价位了，正确的态度是有钱就买入，而不是落荒而逃，至于下一步股价如何走，并不是自己所考虑的问题。

我们普通投资者，大多数人没有直接管理企业的实际经验，因此对于企业的理解，有时就不容易那么深刻，但是，我们是不是就不能投资了呢？显然不是，相反，我倒认为，无论是投资者还是企业经营者，其价值的评判标准应该是一样的。比如，段永平在企业经营上总是强调平常心、本分这些东西，强调要做对的事情，并把对的事情做对；华为的任正非，一以贯之地强调"以客户为中心，以奋斗者为本，长期坚持艰苦奋斗"这一经营哲学并且不管形势如何变化，华为始终将这一经营哲学深深根植于企业的价值观与文化中。细思细想，这些优秀企业家的经营哲学是息息相通的,而且这些经营哲学一点也不神秘,相反,多是那么简单而又深刻,那么通俗易懂。

所以在股市投资,没有直接的实业经验并不是主要的问题,对于一家企业的价值评判,我们也完全可以用"作为人(企业投资者),何谓正确"这一是非善恶的标准去评判(不能以股价涨跌论英雄),甚至在关键时刻它还会起到"定海神针"的作用。

再如,格力在A股可谓一个"奇怪"的存在,它貌似一家不太符合长期投资意义上的投资标的(就商业模式而言,茅台是"稳稳当当"赚钱,格力是"晃晃悠悠"赚钱),但它给其长期投资者带来了不菲的回报,同时它也颠覆了市场上"制造业难出长牛股"的习惯性认知。然而,长期以来,市场上一直充斥着对格力的负面议论,特别是在股价长期调整低迷之时,甚至矛盾的焦点会集中到董明珠女士身上,如董明珠"独裁说""落伍说"等,不一而足。对于这些议论,作为投资者该如何看待呢?我认为,首先要抛开自己的个人利害得失(股价涨跌的一时得失),而应该用"作为人(企业投资者),何谓正确"这样的评判标准去衡量,如此长期观察下来,我反倒认为,董明珠女士是一个纯粹的人,是一个有格局的人,是一个清正廉洁的人,是一个将全部身心投入企业的人。特别是企业做大了,各种腐败现象更容易滋生,有些企业管理者一旦权力在握,各种人性的弱点也容易完全暴露出来,而对于这些企业的腐败、腐化行为,董明珠女士向来是眼里不揉沙子的。如果自家企业有这么一个"当家人",难道自己不乐意接受吗?显然是十分乐意接受的。所以,我女儿账户在2019年买入格力之后,一直是处于有钱就加买的状态,反而在2023年、2024年整体行情低迷时,获得了远远跑赢大盘的收益。

价值投资不仅仅是一个方法论的问题，它更能折射出一个投资者的价值观。芒格说过，如果你想拥有某种东西，最好的办法是要让自己配得上它。是的，自己的价值观与我们所长期投资的企业，一定是要相匹配的，否则，一有风吹草动，我们也容易与之离心离德，更不要说风雨兼程了。

投资要学辩证法

投资需要学习的东西很多，其中很重要的一点，我认为是要学好辩证法，因为学好辩证法可以帮助我们在投资中尽可能全面地、客观地、发展地看问题，而防止出现一些认知上的错误。

学好辩证法，防止机械地、静止地看问题

巴菲特有一句投资的名言在A股可谓一直争论不休，这句名言便是，"如果不想持有一只股票10年，就连10分钟都不要持有"。有时，我一提巴菲特的这名言，就有些人用巴菲特也不是"死拿着不卖"等观点与我进行辩论，而股市最有意思的一点，就是无论你提出什么观点，总是可以找出一大堆的反证来，真可谓是公说公有理，婆说婆有理。

那么，如何看待巴菲特提出的这种长期投资的思想呢？

如实说，正是巴菲特这种"如果不想持有一只股票10年，就连10分钟都不要持有"的长期投资思想，给我的投资开辟了

新境界，它的重要性在于培养我们看待投资标的的长期视角。

诚然，我们看巴菲特是这样说的，但有时也并不是这样做的，考察他近70年的投资生涯，他真正"永恒持有"的股票仅是少数，实际上他卖出了很多股票，比如企业的经济特征发生了根本性的变化，管理层迷失了方向，公司失去了护城河，发现自己当初的判断错误等，他都会卖出。

那么这个矛盾的现象又如何解释呢？

这实际上就是投资的辩证法，我们看问题，既要有长期的视角，同时又要坚持动态地、发展地看问题，并且要善于根据变化的情况去不断调整自己的认识和判断。比如，巴菲特对华盛顿邮报等报纸类上市公司曾很长时间情有独钟，并且认为报纸具有经济特许权这一强势经济特征，但是后来互联网的出现，对报纸的经营造成了明显的冲击，此时难道我们仍然要抱着过去"经济特许权"的那种认识不放吗？这显然又是很荒谬的。实际上我们看到，巴菲特的投资不仅知行合一，更为可贵的一点是他与时俱进，一直处于不断进化之中，这更是值得我们学习的。

我们所处的这个世界最大的确定性就是一直处于变化、进化之中，因此，必须反对机械地、静止地看问题。比如，有人曾经历数我们人类近150年的一系列发明创造：

电话（1876年）、电灯泡（1879年）、内燃机（1885年）、无线电（1895年）、电影（1895年）、飞机（1903年）、电视机（1926年）、抗生素（1928年）、计算机（1939年）、全球定位系统（1973年）、数码相机（1975年）、线上购物（1979年）、互联网（1983年）、在线搜索（1990年）、网上银行（1995年）、社交媒体（1997年）、无线通信技术（1998年）、智能手机（2007年）、基因编辑（2012年）等，至于今天的人工智能等新兴科学技术更是方兴未艾。

可以说，人类每一次新的发明创造，都给我们的生活方式、工作方式，乃至看待世界的方式带来前所未有的颠覆与变化，因此，接受变化、拥抱变化，本来就是投资中的应有之义。

在投资中，虽然我们是以"如果不想持有一只股票10年，就连10分钟都不要持有"的长期视角甄选投资标的，但是显然，也要通过不断的学习，并根据变化的形势不断提升自己的认知，进而动态地去优化自己的投资组合。

以我现在"茅台+"组合为例，这是从一开始就有的吗？当然不是，其实我转型价值投资以来，先后投资过十几家上市公司，其中长期持有的达十几年时间，短期持有的只有两三年时间，实际上一直处于不断优化之中。尽管当下我将重仓持有的茅台作为收藏品、非卖品，但是如果茅台公司有一天变"坏"了，自己还要固守着"收藏品、非卖品"的认知不放吗？显然，我是不会愚笨到这种程度的。这其实就是投资的辩证法，即坚持动态地、发展地看问题，而不是机械地、静止地看问题。

学好辩证法，防止孤立地、片面地看问题

现实的世界是多元的，是丰富多彩的，而作为人，我们又是主观的，我们看待世界的视角常常是从自己的主观世界出发的，所以，我们看问题就难免是孤立的、片面的，是不客观的、不全面的。而若想尽量避免，或者尽最大可能减少这种错误，就要善于跳出以自我为中心的视角去看待这个世界。

比如，我们经常见到不喜欢喝白酒的投资者说，现在年轻人不怎么喝白酒了，所以，即便高贵如茅台也没有什么长期投资价值；还有的说，白酒这个行业早已经进入"内卷"阶段了，行业的增长数据已经萎缩了，所以，白酒公司不存在长期投资的价值了。总之，这些投资者看待问题，总是喜欢以自我的感受、自我的认知为中心画圆，而对圆以外的东西，则不想看，也看不见了，说穿了，这就是孤立地、片面地看问题。

我们知道，任何公司生存和发展的根基都是有着它特定的目标客户的（一家公司的产品和服务再优秀也不可能对所有的消费者全盘通吃）。比如，你不喝白酒，并不等于其他人不喝白酒；你感觉着一瓶 2 000 多元的白酒是奢侈品，但对目标客户来讲，可能还是不可或缺的。我们要投资这家公司，关键是要搞清楚所投公司的目标客户，并且要研究这些目标客户的真实需求是个什么样子，而并不是自己的主观感觉是怎么样的。当然，至于未来白酒行业的整体走势如何，包括茅台未来如何发展，我们投资者只能边走边看，并且要善于综合实际生活中的各种情况进行具体的研断。

"没有调查研究就没有发言权"，在投资中，我觉得也应该发扬这种调查研究的精神，这种调查研究可以来源于亲自参加股东大会，来源于研究公司的各种公开信息，也可以在实际生活中去留心观察。"秀才不出门，可知天下事"，今天网络上的便利也有助于我们在各大网站上对自己所投资公司的产品和服务进行调查研究，比如，浏览一下供求信息、多数客户的评价留言等。在尽自己最大可能掌握了各种第一手材料之后，再下一番去粗取精、由表及里的研究功夫，便可以得出尽量客观、尽量公允的结论。其中，最可怕的是把自己关在屋子里指点江山，处处时时以我为中心看问题，这样就难免犯下孤立地、片面地看问题的认知错误，甚至多年不知悔改。据我的观察，这也是导致很多投资者错失"显而易见"的长期大牛股，甚至产生投资亏损的重要原因之一。

学好辩证法，防止犯教条主义的认知错误

依照我个人的人生经历，一个最为深刻的体会是，我们人这一生最容易犯的错误就是教条主义，具体到投资上，这种认知错误有种种的表现。比如，仅仅是会背诵几句价值投资的教条，或者仅仅是会背诵价值投资的只言片语（而不是对整个投资哲学、投资框架进行系统构建），看不到世界的丰富多样性。有的上市公司适合做长期价值投资（实际上真正值得长期投资的优秀上市公司是少数），有的则可能仅仅具有短期交易价值（实际上这样的上市公司占有相当大的比例），所以，若想做好投资，必须坚持因企（因股）施策，所谓一把钥匙开一把锁，不能简单地把长期价值投资理论套用到全部的上市公司中，如此简单地套用，就难免得出长期价值投资在Ａ股无效的结论。

我们知道决定事物发展的有主要矛盾和次要矛盾，有矛盾的主要方面和次要方面，而有的投资者仅仅是抓住了一些细枝末节，即仅仅抓住了次要矛盾和矛盾的次要方面，而忽视了主要矛盾和矛盾的主要方面，因此也就很难得出全面的、正确的投资结论。正如上面关于白酒的认识一样，有些投资者根本没有抓住茅台高端白酒当下的主要矛盾仍然是供需之间的矛盾，未来量价齐升仍然是茅台公司的显著经济特征，因此，就容易得出经常被市场打脸的可笑结论。

有人说，学好哲学终身受益。无论是在世俗的社会，还是在投资的世界，随着自己年龄和阅历的增加，我越来越体会到确实如此，而这个哲学，就包括唯物主义和唯物辩证法思想。当然，由于自己对这方面的所学也是比较肤浅的，需要有一个不断学习、不断提高的过程，所以，我提出的上述观点也未必是全面的、正确的，而且有些观点还必须到具体的生动的投资实践中去检验。这里之所以提出来，目的是引起投资者的共同思考与批判，进而让我们在长期价值投资这条康庄大道上走得更加通畅，更加健康，更加持久。

心流的体验

我经常思考这样一个问题：究竟是什么原因让一名价值投资者在股市中长期生存，并且不论是顺境，还是逆境，不论是行情普涨，还是行情低迷，都能保持一种持久的快乐体验呢？我想，除了必要的商业洞察力，一定还有什么东西在支撑着。

是钱吗？ 显然不是，至少不是全部。虽然我也认为，钱能够解决我们人生中的大部分问题，没有钱是万万不能的，但是钱这东西到了一定数量之后，"满足"的边际效应是递减的，如果仅仅是为赚钱，这种快乐体验一定不会持久。

私下里我与投资的朋友晤谈，大家有一点共识，即价值投资者不能将钱看得太重了，看得太重反而不容易做好。这中间又蕴藏着一点辩证法。当然，也不要误会，在股市里如果你的钱达不到一定数量级，或者你总是处于赔钱的状态，那也是谈不上什么快乐与满足体验的。

是价值观吗？似乎有一些道理，因为一家优秀企业必然要有自己的价值观，而我们投资这家企业，从根本上讲必然是来自对这家企业价值观的认同。此外，你在股市中是想快速致富，还是想慢慢变富，这也体现着不同的投资价值观。可以说，价值观这东西不管你承认与否，或者是否意识到自己拥有某种价值观，它一定在你的头脑中存在，并且最终会支配着你的投资行为。然而，价值观更多是属于理性层面的东西，或者说是认同不认同的问题，若想获得一种持久的快乐体验，似乎多么"高大上"的价值观也解决不了这个问题。

究竟什么东西可以让我们获得一种持久的快乐体验呢？我读了一些积极心理学方面的书，才恍然大悟，原来是它——心流的体验，决定着我们在股市里投资究竟快乐不快乐，并且这种快乐是否能够持久。

何谓心流呢？这个东西一点也不神秘，而且我们每个人在日常生活中都或多或少地有过这种体验，比如，我们阅读、写作、爬山、游戏、踢球、跳舞等，都有可能达到一种全然忘我、陶醉其中的状态，这种状态就是心流的体验。

心流理论之父、积极心理学奠基人米哈里·契克森米哈赖，在他的开山之作《心流：最优体验心理学》一书中曾借用热力学第二定律，提出了"精神熵"这一概念。何谓精神熵呢？说白了，就是我们头脑中的那种混乱无序的状态。米哈里说人的"精神熵是常态"，在他看来精神熵的反面就是最优体验，他称之为心流。他列举攀岩选手、外科医生、诗人、剧作家等的实际体验，来说明他们是如何进入心流的。

米哈里的全部研讨都是在证明幸福和快乐不是人生主题，而是附带现象，因为人类在进化中自然选择的生理机制只是服务于人类生存繁衍，没有增加幸福快乐的考虑；寻求快乐是因为物种延续而设的一种即时反应，其目的无关个人利益。快乐和幸福是你全身心投入一桩事物，达到忘我的程度，并由此获得内心秩序和安宁的状态。

关于精神熵，我们每个人都会有这种体验，比如当我们闲下来时，头脑中会源源不断地自然涌现出各种断断续续的意念、想法，可谓乱乱嗡嗡、杂乱无章，而又难以控制。若想改变自己头脑中这种杂乱无序状况，唯有专注于某一事情。何以出现这种情况呢？这与我们人类的进化史有关，即在自然进化之中，我们作为智人进化出了极其强大的意识系统，这自然有利于我们人类的生存与繁衍，但同时又让我们的身心常常无处安放，而意识系统需要秩序，其无序时人们便可能会感到焦虑、烦躁、无聊、苦闷等，出现所谓的精神熵。

如何减低这种精神熵值，进而让我们处于心流的体验呢？米哈里分析了心流的成因与特征：

➡ 注意力。体验过心流的人都知道，那份深沉的快乐是严格的自律、集中的注意力换来的。
➡ 有一个愿意为之付出的目标。目标是什么并不要紧，只要那目标能够将人的注意力集中于此。
➡ 有即时的回馈。

- ➡ 因全神贯注于此，日常恼人的琐事被忘却和屏蔽。
- ➡ 达到忘我的状态。

当然，米哈里提出的以上几点，并不是针对我们投资者的，他实际上是指出了人生的方方面面，比如，如何在日常生活中寻找心流，如何寻找思维之乐、工作之乐等，但是按照米哈里提出的观点，去验证一些价值投资大师的所作所为，无疑会得出一个确定的结论，原来他们都是有着这种持久心流体验的人物。

你看 1930 年 8 月 30 日出生的巴菲特，90 多岁仍然乐此不疲地"跳着踢踏舞去上班"，他平生除了会弹尤克里里，也没有什么别的爱好，唯一的爱好就是阅读，包括阅读上市公司的年报。或许常人不堪其苦，巴菲特却是乐而忘忧，不知老之将至矣！

看来，我们终于找到让自己在股市里保持长久快乐（进入心流状态）的"秘方"了，概括起来就是：

- ➡ 长久的专注力。这种长久的专注力来自自己的热爱。要把投资作为自己十分热爱的事业去做，否则，强扭的瓜不甜，干脆早点脱离这个苦海，找自己喜欢的事情去做。
- ➡ 与自己能力匹配的目标。这个目标就是慢慢变富，依靠伟大的时间、复利的增长实现自己的财务健康和财务自由。否则，过高的目标设计必然会让自己偏离航向，掉入苦海。
- ➡ 有即时的回馈。这一点并不难以理解，因为只要路子正确，自然会有回馈的，比如账户的数字会慢慢增长，这本身就是即时回馈。同时，由于你不断地阅读学习，知识也在复利增长，这种知识的复利增长与财富的复利增长会产生叠加效应，给你带来更好的即时回馈。
- 全神贯注。大凡热爱投资的人，没有不全神贯注于研究、分析与阅读的，因而能够做到常人难以做到的独处，享受自己内心特有的那份安宁与秩序。
- 达到忘我的状态。投资是没有退休时点的事业，你可以终其一生去做，而且越老越香，正所谓发愤忘食，乐以忘忧，不知老之将至矣。

巴菲特的管理艺术

在国内投资圈，一提起巴菲特，投资者多是津津乐道其投资思想（如商业模式、护城河之类），而对其管理思想似乎很少提及。实际上读巴菲特历年写给股东的信，他的管理哲学、管理思想、管理艺术，也是其思想不可或缺的重要组成部分，甚至称巴菲特为管理大师并不为过。

巴菲特在管理上所展现出来的智慧与思想，有哪些是值得我们研究与学习的呢？

2003年巴菲特在他的母校内布拉斯加大学进行了一场著名演讲，其经典程度堪比他1998年在佛罗里达州大学商学院，以及1999年在太阳谷的演讲。这篇演讲的主题就是领导力，讲述了他的管理哲学、管理思想。结合着对这篇演讲的解读，以及我掌握的有关材料，归纳为以下几点。

管理上的极简主义

伯克希尔-哈撒韦公司有近40万名员工，但总部只有20多名员工，这20多名员工管理着一个庞大的商业帝国。其商业项目不仅数量众多，而且业务领域跨度很大，大到"出售从棒棒糖到飞机等多种商品"。

若干年前，彼得·林奇曾经拜访过巴菲特的总部办公地点，据彼得·林奇的说法，巴菲特的总部差不多有半个网球场那么大，实际上这一说法还略有夸张，因为巴菲特的总部实际办公面积不过1 000平方米。

巴菲特的个人生活也极其简单。他住在一个不起眼的房子里，且60多年来一直住在那里。每年只从公司领取10万美元的报酬。

他的公司不举行任何会议（哪怕视频会议也不开，这在很多地方是很流行的呢），看不到官僚主义、形式主义的东西，也看不到他有投研顾问，更看不到他带领团队满世界去调研。他所做的很多收购决策，多是在很短的时间内完成的（"五分钟理论"），甚至与他拟收购企业的CEO可以不见面（当然，他会审阅财务数据）。

巴菲特所展现的这种极简主义的管理方式，在我看来就像童话一般存在，每每读到他收购企业的这些故事，我总是禁不住地击节赞赏，甚至"啧啧"地发出声来！

诚信和荣誉永远排在第一位

巴菲特在这篇演讲中，说了很多金句，摘录如下：

我们可以承受金钱上的损失，甚至是巨大的金钱损失，但我们无法承受哪怕只是一丝一毫的名誉上的损失。这一点始终排在第一，无论过去多少年它都没有改变，也不会改变。

我不希望雇佣聪明有活力，但没有诚信的人；如果你没有诚信，我宁愿你既愚蠢又懒惰，这样你就不会去欺诈或做其他的坏事。

我告诉我们的管理者，我可以做一份1 000页的企业道德指南，我可以用成百上千条规定去规范你们的决策。但实际上，你需要做的就是想想，如果你做的事明天登上了报纸的头版头条，当你的父母、你的配偶、你的孩子、你的邻居、你的同事读到了这则新闻，如果你因此而坐立不安，那就别做这些事了。

我说我们仅用37分钟就可以失去名誉，但实际上失去名誉的速度会比这更快，你可以在5分钟内失去它。

你可能没法将橄榄球扔出60码[①]远，你可能无法在9.8秒完成百米短跑，你可能无法成为优秀的三分球篮球射手，但是你可

---

① 1码≈0.914 4米。——编者注

以选择自己是站在诚信的那一边。

诚实与否并不是与生俱来的禀赋，这完全可以由你自己来决定。

巴菲特不仅是这样要求别人的，他自己首先就是这样做的。他说他每年撰写致股东的信要耗费巨量的时间，这个过程非常艰辛，但这是他一年一次与合伙人的交流，因此他一直非常看重。他说，他在写致股东信的时候，在头脑中会先写上"致亲爱的朵丽丝和伯蒂"，她们是他的姐妹，她们所有的钱都投资于伯克希尔–哈撒韦。当最终完成致股东的信之后，他会将她们的名字删掉，改成"致伯克希尔–哈撒韦的股东"。

他说："我的自测题一直都是，如果我与她们角色互换，我想知道什么。如果朵丽丝和伯蒂在管理伯克希尔–哈撒韦，而我住在加利福尼亚州卡梅尔镇，我想从管理者那里了解什么内容。"

这就是巴菲特，诚实的巴菲特，真正将他的股东当成合伙人的巴菲特！其实在我国，早在2 500多年前孔子就说过"德不孤，必有邻"。是的，为什么巴菲特麾下那么多CEO早已经是千万富翁、亿万富翁，却乐此不疲、心甘情愿地跟随着巴菲特工作呢？最为根本的一点，就是巴菲特的人格魅力。

无为而治的管理艺术

巴菲特说，领导力的概述非常简单，他的工作是领导伯克希尔–哈撒韦，为公司制定与其长期目标相契合的战略和小目标，之后通过员工来实现这些目标。这是他领导力的全部。

他说无法自己去完成这些目标，必须先看见要抵达的彼岸。如果可能，他必须越过前方的山丘，然后带领同事也和他一样看到山丘后面的风景，并且让大家脚踏实地地干活。同事是真正实现目标的人，所以，领导力的含义是通过别人达到目标。

巴菲特用了一个十分形象的比喻："如果用棒球术语来形容伯克希尔－哈撒韦的领导力，就像是我们拥有400个击球手，我只不过是把球棒传到他们手里，仅仅告诉他们站到击球区，用力去挥棒而已。"

用领导科学的术语来说，就是巴菲特充分放权，完全依靠自己的下属发挥主观能动性来完成经营目标。巴菲特又是怎样充分放权，给予自己的CEO们完全的经营自主权呢？罗伯特·麦尔斯在他所著的畅销书《沃伦·巴菲特的CEO们》中有这样一段描述：

他们能够把精力完全集中在公司的内部事务上，没有任何外来的干扰。经理可以经常向总部报告，也可以不经常向总部报告，这取决于他们自己。伯克希尔－哈撒韦旗下一家公司的经理，在公司被收购后的20年内没有去过位于奥马哈的伯克希尔－哈撒韦总部。

一位下属公司的经理20年没有去过公司总部向巴菲特汇报工作，按照绝大多数企业收购人与管理者的思维方式与行为模式，这可以想象吗？！然而这就是巴菲特，是完全能够做到无为而治的巴菲特！

说到无为而治，实际上我们中国人也不乏这种管理智慧，比如，这一思想早在老子所著的《道德经》中就提出来了。当然这种无为而治并不是完全放任不管，而是利而不害、为而不争，不进行过多的行政干预，充分发挥下属的主动性和积极性。巴菲特的这种无为而治，与老子《道德经》中的思想，真可谓是不谋而合。

当然，巴菲特最集中的管理，就是资本配置，因为他认为有些企业的CEO在经营上是内行，但在资本配置上常常是外行，而他最为擅长的则是这一点。

对自己下属的不吝赞美

虽然说"良药苦口利于病，忠言逆耳利于行"，但我们人性中天生有喜欢被赞美的倾向。巴菲特在这个方面显然又是一个洞悉人性的大师。他几十年来从不吝惜对自己的合作伙伴、下属CEO、所投公司的管理层进行赞美。

巴菲特称自己在芒格的帮助下实现了从大猩猩向人类的进化；他称自己宁可与大猩猩摔跤，也不会与B夫人竞争；他称自己所钟爱的某某CEO，是可以将女儿嫁给他的人；如此等等，不一而足。我们阅读他历年写给股东的信，这些赞美的词句一直洋溢在他的文字之中。

巴菲特的这些赞美之词是否有夸张、溢美之嫌呢？不得而知，但是显然，在巴菲特不断的"激励"之下，他的CEO们更是"不用扬鞭自奋蹄"的。

巴菲特的这种管理哲学、管理思想、管理艺术，对于我们投资有多大助益吗？显然，助益大焉。

第一，永远将诚实和信誉排在第一位。 投资是认知的变现，品行的奖赏。我们完全可以想象，在现实生活中具有这种良好品行的人，到股市里进行投资，也容易成功，因为一个具有良好品行的人，才往往更容易与具有良好品行的优秀企业"惺惺相惜"，"走到"一起的。相反，那些在现实生活中总想着投机钻营，试图走捷径的人，你很难想象他在股市里会耐得住寂寞，因为那种强大的"变态"的激励机制已经深深地扎根于他们的头脑中，或者已经使他们暂时尝到点儿甜头，而再让他们"倒"回去，已经是很难很难了。

这里扯远一点，根据我的人生经验，人这一生最考验人性的地方有两个：一个是官场，一个是股市，这两个地方最容易将人性的弱点放大化。不具备强大理性，不具备强烈自律精神的人，是很容易在这两个地方走向人生失败的。所以，做一个有修为的人，一个诚实的人，一个重信誉的人，反而是投资者的必修课。

第二，与优秀的人为伍，与赢家为伍。 巴菲特在这篇演讲中说，人很容易被（周围的）庸人同化，与优秀的人在一起，自己才会容易变得优秀。所以，我们要想成为赢家，就要善于与赢家为伍；要想成为优秀的人，就要善于与优秀的人在一起，而股市投资便给我们提供了这样一个"通道"。比如，我们要寻找那些具有优秀商业模式的企业去投资，寻找那些诚实、肯干、能干的优秀企业管理者去投资，就等于与优秀的人、与赢家为伍了，久而久之，自己的价值观与方法论，也会受到这些优秀的企业家、优秀的企业文化潜移默化的影响。

虽然，最终我们成不了像华为的任正非、福耀玻璃的曹德旺、格力的董明珠那样具有强烈使命感的人，但是有一点是可以肯定的，投资或者研究这些优秀的企业，我们不可避免地会被这些优秀企业当家人的思想所感化，久而久之，我们就不容易被周围的庸人同化，至少还能够保持自己人生中一些本真的东西。

第三，对自己的投资也要无为而治。有的投资者，投资了某家公司，就开始对企业的管理层指手画脚起来（当然作为股东，并不是不可以提合理化建议，但这些建议可以通过正规渠道，如参加股东大会，或者直接向企业提出等），只是，我们怎么可能指导姚明打篮球，指导潘长江演小品呢？进而推之，我们怎么可能指导任正非开发芯片，指导董明珠制造空调，指导曹德旺制造汽车玻璃呢？

投资其实很简单，只要我们找到了自己心仪的公司，认同它们的价值观与文化，然后找个合理的价格买入就可以了。

在2021年写自己的投资总结之时，我就将自己命名为"个人家庭非控股的多元化公司"的"空头董事长"了，而我这个"空头董事长"，平时也常常是无事可做，如果非要找点事做，那就是读一读所投公司的财报，检查一下它们的长期竞争优势是否依旧，在关键的时间节点，比如发放股息了，或者其中一家公司的股价疯狂至极了，就重新做一下资产配置。除此之外，就真的是无事可做了。

我的这种无为而治的做法，也或多或少地受到了巴菲特管理思想、管理智慧的影响。

对全局和未来的掌控感

人天生是具有领导欲与掌控欲的，这也是我们人性中与生俱来的东西。然而，人的性格特质不同，人生的际遇不同，因此对于绝大多数普通人，在现实的社会是难以满足这种欲求的。但是，通过股市投资，我渐渐感悟到，不管你是否意识到，从一定程度上是可以满足或者发挥出我们的这种领导欲和掌控欲的。

比如，当我们看中心仪的标的，经过反复思考，甚至是痛苦的思考，一旦做出买入或卖出的决定，并且立即执行之时，就仿佛一个带兵打仗的将军，而自己的资金则形同于自己的士兵，那种买入或卖出的杀伐决断，若是不具备一定果敢的领导素质，还真是难以做到。

不仅在买入或卖出时如此，在持有过程中，还需要我们对所持企业的全局和未来做出细心的洞察，其最高境界就是能够站在董事长的角度，去思考这家企业的商业模式和企业文化，并将之放到整个行业或者宏观经济中去进行分析与体察。此时此刻，投资的你便俨如这家公司的一把手，进而对这家企业的全局和未来渐渐有了一个更为全面清晰的"掌控"，而且一旦你有了这种掌控感，你便可以无视市场上的风霜雪雨，淡定地与所持企业风雨兼程了。

在投资中，我们怎样培养自己的这种掌控感呢？

第一，优秀的企业家首先是思想家，然后才是战略规划家，优秀的投资者也当努力具备这种素质。 在中国当下的优秀企业家中，我特别佩服华为的任正非，读他的传记，读关于他的书，以及他自己动笔写的文章，不难感觉任正非首先是一个思想家。他的很多金句,如"资源会枯竭的,唯有文化会生生不息""宿命是人知道差距后,而不努力去改变""'妥协'其实是非常务实、通权达变的丛林智慧""让能够听到炮声的人去决策""没有战略的远见,没有清晰的目光,短期努力就会像几千年前的农民种地一样,日复一日"等,无不闪烁着思想的光辉。

在这个方面,其实优秀的投资者与优秀的企业家是相同的,比如芒格提出投资者要拥有格栅思维,建立多学科思维模型,就是说的这个道理。因为这道理很浅显,优秀的投资者唯有通过自己的学习与实践达到了那样的思想高度,才会让我们对商业世界,乃至对整个世界有一些深刻的思想洞见。我认为,这也是巴菲特与芒格的投资思想、投资智慧一直被全世界的拥趸所追捧的重要原因。

德国的克劳塞维茨在《战争论》中指出,什么叫领袖?是要在茫茫的黑暗中,把自己的心拿出来燃烧,发出生命的微光,带领队伍走向胜利。战斗打到一塌糊涂的时候,将领的作用是什么?就是用自己发出的微光,带领队伍前进。当然,克劳塞维茨所说的领袖和将领的作用,更具有一些诗意的表达,而我认为,对于领导定义最为准确、通俗的还是伟大的领袖毛泽东,他说:"只有当着还没有出现大量的明显的东西的时候,当桅杆顶刚刚露出的时候,就能看出这是要发展成为大量的普遍的东西,并能掌握住它,这才叫领导。"世界上万事万物的根本道理往往是相同的,无论是优秀的领导者,还是优秀的企业家,他们往往具有这种运筹帷幄的才能与气质。

作为企业的"被动"投资者,虽然用不着我们亲自到实际中去运筹帷幄,但是对具有这种才能与气质的企业家的识别,本来就是投资中的应有之义。所以，我们一旦在自己的能力圈内发现具备这种素质与才能的优秀企业家，自然就应该"盯"上去，然后择机拥有他所带领企业的部分优质股权。当然，前提仍然是投资者自己要拥有这个方面的思想见识。

第二，优秀的企业家善于整合各种资源向着企业聚集的目标前进，优秀的投资者也要善于做好资产配置，尽量使自己的资产配置最优化。

一家企业一旦确定目标客户，一切有关资源，包括人才资源，都应该聚焦于服务自己的目标客户，为自己的目标客户提供最优质的产品或服务，而这个聚焦、运筹的工作无疑是需要企业的一把手来完成的。任正非说，华为几十年来都在对一个"城墙口"发起冲锋、炮击。华为成长起来后，坚持只做一件事，在一个方面做大。华为只有几十人的时候就对着一个城墙口进攻，几百人、几万人的时候也是对着这个城墙口进攻，现在十几万人还是对着这个城墙口冲锋，集中炮火，饱和攻击。企业每年利用1 000多亿元的"弹药量"（研发）炮轰这个城墙口。任正非对企业领导者这种整合聚焦利用资源的能力，做了最好诠释，这也是华为走向成功的根本原因之一。

芒格说，在伯克希尔-哈撒韦，他们一直比平均水平做得好。问题来了，怎么做到的呢？答案很简单，他们追求做得更少。他们从来没有天真地以为把一批青年才俊招进来，就能无所不知，无论是汤罐头，还是公用事业什么的，都能比别人懂得更多。巴菲特说，如果将他们15个伟大的投资案例拿走，他们的业绩也会很平庸。

在伯克希尔-哈撒韦，巴菲特和芒格的主要工作就是做资本配置，可见，优秀的投资者与优秀的企业家在这个方面是完全相通的。

这里再说明一下，我现在的"茅台+"组合，之所以87%以上的仓位聚焦于茅台，也是受巴菲特和芒格这种思想的启发。

当然，巴菲特和芒格与职业投资者不同的地方还在于，他们是企业经营者和投资者两种身份兼备。正如巴菲特所说，因为我们是经营者，所以我们成为好的投资者；因为我们是投资者，所以我们成为好的经营者。这是他们走向成功最为关键的原因。

我们普通投资者，即便没有经营实体企业的实际经验，也完全可以学习这些优秀企业家和投资家的间接经验，进而成为指导自己投资的思想指南。只要我们勤于观察，勤于思考，不断学习，就算成不了伟大的投资者，但假以时日，让个人获得一份不错的财富履历还是可以做到的。

第三，优秀的企业家通过自身的率先垂范，打造出企业的独特文化，作为企业的投资者自然要对其文化深深认同。

套用列夫·托尔斯泰的世界名著《安娜·卡列尼娜》首章第一句话：成功的企业是相似的，失败的企业各有各的不同（原因）。是的，那些成功企业的相似点在哪里呢？那就是它们毫无例外地都打造出了自己优秀的企业文化。这种文化的东西，往往并不是体现在制度里，更不是仅仅贴在墙上，而是深入全体员工的骨髓，化作全体员工的实际行动。段永平说过，好的企业文化往往更有利于选出好的企业领导人，从这个角度讲，企业文化更具有根本性和长期性。

从日本稻盛和夫的"作为人，何谓正确"到谷歌的"不作恶"，从苹果公司乔布斯的"改变世界"到硅谷钢铁侠马斯克的

"为人类做贡献"，这些世界级的企业和企业创始人都有自己独特的价值观和伟大梦想。在我们人类当中确实存在着这样一些具有使命感的"超人"，他们在常人看来，或许是"精神不正常"的人，甚至干脆被认为是疯子，然而正是这些具有"超人"气质的企业家在改变着我们的生活，改变着我们的世界，在他们身上闪烁着人性的光辉。

在我们国内的上市公司中，也有很多公司拥有优秀的企业文化，其中更不乏"有利润之上追求"的企业。如"让世界爱上中国造"的格力，其公平、公正、廉洁、不怕吃亏的企业文化一直令人钦佩。爱尔眼科追求"不管贫穷或者是富裕，让人人享有眼健康"，这种企业文化体现着"有利润之上追求"。通策医疗不仅追求财产价值，还追求生命的终极价值，对标世界先进的医疗机构，致力于成为中国领先的综合医疗平台，世界最大的口腔医生集团之一。茅台一直坚守着它的初心和红色文化基因，不仅仅将茅台视作茅台人的茅台，更视作全国人民的茅台，视作国家的宝贵的民族品牌，进而像呵护生命一样呵护着产品品质和质量。只要我们留心观察与研究，就不难发现具有这种优秀文化的上市公司有很多。

固然，我们是被动的二级市场投资者，我们自己无力亲自打造这种优秀的企业文化，但是毫无疑问，投资者也当加强自身的思想修养，因为唯有自己达到那种思想维度，才会与具有优秀企业文化的公司产生"同频共振"，进而产生深深的认同与钦佩。据人类进化心理学家的研究，我们人是感性的，平时启动我们大脑模块的也往往是感情，而并不是什么所谓的理性。我们认为自己是在理性思考的时候，实际上是在通过感情思考，也就是说人从根本上来讲是感情动物。作为企业的投资者，我们的心与情感唯有与企业息息相通，才有可能长相守。

更进一步说，股市是反映人性的一面镜子，你是什么样的人，在股市就会映照出你是一个什么样的人，而且你想伪装也是伪装不出来的。所以，做好投资首先是要做个好人，因为唯有好人才会遇上更好的人，冥冥之中自然也会遇上更好的企业。这是不是有一种玄学的味道呢？非也，这恰恰是我多年人生经验和投资经验的深刻体会，诚不欺汝！

谈谈快乐投资

在全球投资界，人们注意到有这样一种共生现象，即那些价值投资大师多是长寿的，如菲利普·费雪活到 97 岁，约翰·邓普顿 96 岁，沃尔特·施洛斯 96 岁，大卫·多德 93 岁，菲利普·凯睿 101 岁，欧文·卡恩 109 岁，罗伊·纽伯格 107 岁，彼得·伯恩斯坦 90 岁，等等，不一而足。令全世界投资者敬仰的芒格先生，本来到 2024 年 1 月 1 日就是 100 周岁的老人了，惜夫，他距 100 周岁生日仅差 1 个月零 3 天就仙逝了。而巴菲特呢，则是到了 95 岁的高龄仍然快乐地工作着，用他自己的话说，就是仍然尽情地挥写着伯克希尔-哈撒韦这个大大的"画作"。很多人只是关注到这些投资大师的投资业绩，实际上他们活得如此长寿，更应该成为我们谈论的佳话，因为从某种程度上讲，人活到这个年龄，方能称得上人生大赢家（有钱，长寿，有人爱）。相比较之下，那些英年早逝的富豪，尽管积累了一生花不完的财富，但就他们人生的全程来讲，绝对算不上大赢家。

究竟是先天的基因决定了他们长寿，还是人生的快乐让他们如此长寿呢？我认为，两种因素可能都有，但投资让他们人生变得很快乐，应该是一个更为重要的因素，不然，就难以解释为什么这个群体长寿是一个共生的现象。这个现象倒给我们启示，即投资赚钱固然重要，但更重要的是快乐投资，进而让自己的人生更健康、更持久、更长寿（长寿是重要的复利因素）。

那么，究竟怎样才能做到快乐投资呢？这里披露一下，我已是耳顺的年龄了，虽然相较于巴菲特还算是个"年轻人"，但毕竟也算是一把年纪的人了，所以，我自认为还是有点资格去谈一谈的。

走正道，才能走完全程，并让自己越来越快乐

今天网络的发达，让我们这些"吃瓜群众"目不暇接的是，一些腐败的官员纷纷落马，早早结束了本该辉煌的人生。我们也很难想象，他们以后还怎么能保持人生的快乐，进而健康长寿。我扯到这个话题是想表达什么意思呢？我说过，依我的人生经验，人这一生最考验人性的地方有两个，一是官场，一是股市。在这两个地方，如果自己的修为不够，德不配位，就像长着红屁股的猴子一样，爬得越高，红屁股就越会充分地暴露出来。而走正道，才能圆满地走完人生的全程，并让自己越来越快乐，这一点，无论是在官场，还是在股市，均应引起重视。

很多投资者，特别是一些年轻的投资者，一进入股市就急切地想一口吃个胖子，恨不能立马实现自己的财务自由，殊不

知，世界上的任何事情，哪有如此轻而易举的成功之路呢？其结果是大多数人掉进坑里，甚至因此而耗尽青春年华，甚至损害自身健康，这样活生生的例子可以说比比皆是，不胜枚举。中外股市的大样本数据已经证明，大凡在股市里能够活得久、活得好的人，多是坚持走慢慢变富之路的价值投资者，相反，很多做趋势、做投机的人，包括一时活跃着的所谓大V，过几年就多不见他们的踪影了。

所以，每每与人谈论投资这个话题之时，我总是如此设问：市场上活跃着那么多精英人物，为什么你自己就觉得比他们聪明呢？如果觉得自己不是那么聪明，那就先将自己定位于一个笨人，至少是普通人，然后再确定自己在投资上举什么旗、走什么路的问题。这表面看来是一个投资问题，实际上也是一个人生哲学问题，在这个问题上的思维打通了，坚持走价值投资、长期投资的正道、大道，我们才会走完投资马拉松的全程，而且在这场马拉松的全程中，你会走得更加从容，更加淡定，更加快乐。

降低自己的预期，才会收获超预期的快乐

在我的家庭中，外祖父是活得最长寿的人，他活过98岁才溘然长逝，而且在此之前身体一直很健康，甚至临近98岁高龄时，我去看望他，他还要走出来送送我。他为什么如此长寿呢？他在世时，我望着他那满脸沧桑的样子经常在想：一个人活到这么大岁数，要经历多少人生的风霜雪雨啊！他的长寿，或许有基因的先天决定作用，但观察他老人家的一生，他向来是一个清心寡欲的人，而且性情上向来不温不火，在我记忆之中从来没有他发怒生气的样子，他平时最大的奢侈消费就是能够吃上一次炖鱼，这也是他一生中最偏爱的菜品，而对于改革开放以来过上的富裕日子，他心里一直是满足不已、感恩不已，经常说这辈子没有想到、没有想到。可见，一个人唯有降低自己的生活预期，才容易获得超预期的快乐。

生活上的经验如此，投资上也如此。我经常见有的年轻投资者，一进入股市就给自己定下年复合收益率30%以上的目标，好家伙，这是一个什么概念呢？如果一个投资者在30岁投资10万元，且30年保持30%的复利增长，他60岁时会是多少钱呢？2.62亿元；若是40年保持30%的增长，到他70岁时会是多少钱呢？36.12亿元。如此高的复利增长是断然不可能实现的。如果非要实现，投资者必然会产生一些"变态"的行为，诸如利用超出自己能力的杠杆，而这对很多投资者来讲，注定是一条死路。要知道伯克希尔-哈撒韦近60年的年复合收益率是19.56%。实际上，越是投资时间长，越是投资大师级的人物，他们的收入预期反而是降低的，比如段永平说，如果非要谈预期，他的年复合收益率在12%左右，实际上，他说自己是从来没有什么收入预期目标的。

至于我本人呢，实际上也并没有什么收入预期，如果非要有，那就是我反复说的"三个跑赢"，即跑赢长期通胀，跑赢长期无风险利率，跑赢基准指数，如果在跑赢基准指数的基础上，再多一两个小点点，如达到年复合收益率12%左右，我自己就十分满足了。实际上我投资二十几年，真正的收益率是远高于这个预期的，所以，我自己时常感觉很满足，也很快乐，甚至私下在家里，与爱人聊起来，自己总还是一副"志得意满"的样子。

所以，我们投资者要永远记住这一点，就连细菌都无法永远复制下去，否则我们这个地球就会被它们压坏的，同样，我们的财富水平一定不会违背大数定律而野蛮增长的，否则保持那么高的年复合收益率，世界上的财富会慢慢全流到你家的！

不忌妒、不抱怨，世界上不存在完美的东西

忌妒与抱怨就像一对孪生兄弟，也是我们人性中与生俱来的东西。当然，忌妒是我们人类进步的动力，也是个人一生进步的动力，特别是在年轻时期，有适度的忌妒心甚至是可取的，因为唯有如此，才会让自己见贤思齐。然而什么事情都需要有个度，这个忌妒之心一定要被控制在适度的范围之内，否则，一旦不如自己所愿，就容易滑入抱怨的深渊。我们在平常生活或工作中会发现，有些人一生都会处于这种灰色心境中，而且年龄越大，似乎让他们如愿的事情越来越少，因此，他们在生活或工作中会时时抱怨不已、牢骚不已。

关于忌妒之心，我原来认为这常常发生在熟悉的人中间，特别是处于同一层次的熟悉的人中间，正如一个乞丐不会忌妒百万富翁、亿万富翁一样。然而因为投资时间长了，会加深对人性的洞察，后来我发现忌妒也会在陌生人中间产生。比如，网络上的一些投资大V，常常会成为众矢之的，他们偶尔的投资失误，更容易遭受到一些网络人士的攻击与嘲笑，甚至个别的还夹杂着漫骂。如果他们粉丝众多，而且一段时间的投资业绩较差，那更会成为被鞭笞的靶子，言下之意在说：看，大V也不过如此。据我观察，一些网络键盘侠似乎特别爱看这些投资大V的笑话，因为这些投资大V的投资业绩不及预期，正契合了他们与之拉平的某种奇怪心理。看来，我们人类的这种忌妒与抱怨之心真是无处不在。

  细细想来，这是何必呢？因为归根到底，每个人的人生都是属于自己的，甚至与他人无关。而且我们必须坦然接受这样一个事实，即我们生活的这个世界并不是完美的，你身边总有人会比你强，或者在某个方面总会比你突出，至于平等、公平这些东西，那更是我们人类的一种最高理想与追求，既然是最高理想与追求，那自然现实生活中就难免坑坑洼洼的了，这才是世界的本来面目。所以，我们做一切事情，自然也包括投资，均应该从自己的实际出发，一切实事求是，如此才会让自己静下心来保持住一颗平常心，而有了这种平常心，才会慢慢战胜忌妒与抱怨这两个心魔，进而让自己享受这种平常心的快乐。比如，我们见别人的长期收益率很高，那或许是自己没有办法所达到的，那么自己就退而求其次，从自己的实际能力出发，能够取得多大收益就是多大收益，只要自己与自己比，能够一天天地进步、一点点地进步，就应该感觉到快乐与满足了。

  有人曾问芒格为什么总是这么幽默，他说，因为这世界本身就是可笑的。是的，我们应当接受这个并不完美的世界，当然，也要接受这个并不完美的自己，如此久而久之，我们就会理性地看待这个世界了，而因为某某"不公"所产生的一些忌妒、抱怨心理，自然也就损之愈损，以至于无了。我的人生体验是，人一旦达到了这种境界，内心必然是长时间充满着快乐与满足的情绪的。

长期的专注和兴趣，方能让自己乐而忘忧，不知老之将至

比尔·盖茨与巴菲特第一次会面时，比尔·盖茨的母亲曾问过他俩成功的秘诀，俩人不约而同地回答：专注。是的，一个人一生中持久地专注做一件事情，天长日久，那是相当"可怕"的事情，其最后在这个领域的成功也是必然的结果。巴菲特之所以伟大，就是他19岁因阅读格雷厄姆的《聪明的投资者》而豁然开朗之后，便用自己一生的时间去实践，专注地去描绘伯克希尔–哈撒韦这张看似永无边界的大大的"画作"。

有道是，兴趣是最好的老师。是的，一个人对一件事保持持久的专注力，才会在自己大脑中形成激励自己的舒适区，进而产生积极心理学上的快乐"心流"，从而始终保持兴趣盎然。

投资需要做大量独立的研究和思考工作，包括阅读上市公司的财务报告等，所以在投资的早期阶段可能是享受不到这种"心流"的，甚至会感觉是枯燥无味的，加之在早期阶段可能还是亏钱的，所以很多人容易半途而废。所以，要想顺利地度过这段枯燥期，就要逼迫自己持续保持专注力，而一旦尝到甜头，如自己的账户开始走上正向复利之路，那种"带电"的感觉便会产生了（正向的激励机制会发挥作用），阅读公司财务报告等枯燥无味的工作也会变得津津有味起来。

最终你会发现，投资绝不仅仅事关财富，它还会不断提高你的人生哲学修养，不断深化你对人性的洞悉，加深你对这个世界本源、本质的认知，甚至你平时的谈吐都会变得不同凡响起来。当投资终于成为你乐此不疲、永不退休的事业，那种"发愤忘食，乐以忘忧，不知老之将至"的快乐境界便自然而然地呈现而出。而当到了一定年龄，你或许还会悟到自己选择了这样一个乐此不疲、永不退休的投资事业，实际上是你人生中的智慧选择，最终你收获的不仅仅是财富，还可以收获很多的真知和洞见。一旦你的投资达到这个阶段，难道还不快乐吗？

V

第五章

悟道篇

从技术分析到价值投资的觉醒

截至2024年年底，A股已经走过披荆斩棘、波澜壮阔的34年！34年弹指一挥间，34年又沧桑巨变！

站在这个时间节点上，抚今追昔，那时尚算年轻的我做梦也没有想到，个人家庭的财富命运居然有24年与A股梦牵魂绕，不舍不离！

是的，A股波澜壮阔34年，有24年我一直在这列财富列车上"颠簸"！

24年的风风雨雨，其间的甘苦、寂寞、孤独、坚守、求索、感叹、感想，又怎是几篇文章了得?!

"昨夜西风凋碧树，独上高楼，望尽天涯路。"此第一境界也。

"衣带渐宽终不悔，为伊消得人憔悴"。此第二境界也。

"众里寻他千百度，蓦然回首，那人却在灯火阑珊处。"此第三境界也。

王国维在《人间词话》里提出的做学问、做事的三种境界，可谓我 24 年投资历程的完美诠释与写照。

2000 年 5 月 31 日，是值得我终生铭记的日子，就是在这一天，我们家正式在 A 股开户，成为茫茫股民大军中的一员。今天想起来，这一切纯属误打误撞，因为是妻子受了朋友的"蛊惑"而开户的。（我妻子的这位朋友后来调往外地，多年以来也一直没有联系了，有时我俩还谈起她，不知道她今天是否还在股市，若仍在股市一切可安好？）而我对股市的痴迷研究，是受了妻子的"蛊惑"才开始的。有人说，如果你恨他，你就让他入股市，如果你爱他，你也让他入股市，今天想来，这句话还是很有些道理的！

回想这 24 年来的投资历程，可以简单地分为以下两个阶段。

第一个阶段，痴迷于技术研究。一入股市深似海。差不多断断续续 8 年的时间，我痴迷于 K 线等技术研究，而且在这个阶段，自己真正是经历了"独上高楼，望尽天涯路""衣带渐宽终不悔，为伊消得人憔悴"的苦苦探索！

在今天看来，8 年的时间痴迷于技术研究，可真够愚笨的。但细细想来，一个人的命运总是与时代有关的，在我入市的那些年月，无论是在电视上，还是到书店里，查找这个方面的书籍，几乎清一色的是日本蜡烛图技术、炒股就这几招之类，而且自己还乐此不疲，记下了大量的读书笔记和资料卡片。而且当时我还天真地认为，股票就该是那样炒的。芒格说，在一个拿着锤子的人看来，满世界都是钉子。我当时确实如此。人们常说，方向比勤奋更重要，斯言信哉！信哉！

第二个阶段，皈依价值投资。时间已经到了2008年的上半年，此时A股又陷入了深度熊市之中。此时的自己，可以说已经经历了两轮牛市、两轮熊市的洗礼。在这个阶段，我经历了从5万元亏损至2万元以下的"套牢"经历（但并没有"苦大仇深"想要跳楼的非凡经历，老实说，经历过两轮牛市、两轮熊市的洗礼，还稀里糊涂地赚到了些钱），或许是自己过去的勤奋感动了上帝，突然有一天，我在新华书店里看到了两本书，买来如获至宝地品读起来，它们就是《彼得·林奇的成功投资》《战胜华尔街》。当我打开这两本著作之时，感觉就像突然被电着了一样：买股票就是买公司，而且要善于从日常生活中去选择。哦，原来如此！如此一个简单的道理让自己茅塞顿开，并且从此完完全全地皈依在价值投资的麾下。2008年7月左右，我在新浪博客上郑重地写下了自己要转型价值投资，并且当时心里还暗暗地套用鲁迅的话说："走异路，逃异地，去寻求别样的人们！"

今天看来，彼得·林奇应该还不能算是纯粹的价值投资（我个人认为，他的投资有很多交易大师的成分），但正是受了他这两本书的指引，我才开始阅读格雷厄姆、费雪、芒格、巴菲特等投资大师的书籍，终于走进了价值投资的殿堂。国内一些著名的投资者，如李剑、任俊杰、杨天南等的投资书籍和文章，后来也对自己产生了莫大的影响。

"众里寻他千百度，蓦然回首，那人却在灯火阑珊处。"此时的自己，突然感受到这种豁然开朗的境界！

前文提过，为称呼上的方便，同时，也为了表达对巴菲特的尊敬，可以将格雷厄姆、费雪、芒格等投资大师的思想，统称为巴菲特思想（因为他们在投资价值观上是相同的，尽管方法论上有所不同），并且认为巴菲特思想是我们认识股市根本发展规律的思想武器，是我们认识人性的思想武器，是我们认识商业本质的思想武器。

那么，这三大武器在手，在A股能否"缚住苍龙"呢？我自己的经历告诉我，是完全能够的，而且对我们普通投资者来讲，虽然这个过程并不容易，但也并不是难以企及的事情。为什么我敢这样说呢？因为我的投资经历，让我看清了A股虽然历史不长，但已经被证明了的两个非常清晰的逻辑。

第一，优质的股权资产是个人及家庭最值得配置的金融资产。西格尔在《股市长线法宝》（第6版）中，通过数据研究证明，美国220年的历史，股票资产完胜其他各种金融资产。那么，这个逻辑在A股是否成立呢？

我们只要稍加进行一些数据分析，就能够明白，这个逻辑照常成立。这一点，在本书的第一章也已做了数据说明。更不要说，那些上涨几十倍、数百倍的长期大牛股，如酒中的茅台、五粮液，家电中的格力电器、美的集团、海尔智家，奶中的伊利股份，酱油中的海天味业，药中的片仔癀、东阿阿胶，制造业中的福耀玻璃、比亚迪，医疗服务中的爱尔眼科、通策医疗。可以说，大多数普通投资者都对这些优秀企业耳熟能详，并不陌生。其实恰恰是围绕着我们日常衣、食、住、行、医的一些优秀企业，这些年给长期投资者带来了丰厚的超预期的回报。

第二，从较长的历史时期看，A股从来没有亏待过一家真正优秀的企业。且不要说A股早期经历过"坐庄"的投机时代（那时几乎无股不庄），就是从股权分置到今天的各项改革措施，一步步走来，也从来不是一帆风顺的。就是在今天，我们也不难发现 A 股仍然存在着一些制度性缺陷。然而，在这种并不完美的情况下，A 股真的亏待过哪家真正优秀的企业吗？回答是没有，从来没有，这就是投资一家企业的最终回报，从更长的时间维度来看，总是与这家公司的长期业绩正相关。换句话说，"市场短期是投票机，长期是称重器"这个股市的根本规律在 A 股也是完全适用的。

投资的事情没有必要搞得那么复杂，因为投资的道理本来就是简单的。比如，有以上两条根本逻辑，就已经足以证明 A 股同样也是长期投资者的乐园，而最适合我们普通投资者的理念是，不断地用自己闲置的现金资产，尽可能多地买入自己能够看得懂的、有着共同价值观的、优秀或伟大的企业的股权资产，并且一旦拥有了就要以年为时间单位持有，耐心地陪伴这些企业更长的经营时间。

行文至此，按理说，这部分就该结尾了，但是且慢，如果我将 A 股投资描写得如此云淡风轻，而淡化了那些腥风血雨，就有点误导人之嫌了，至少说是不完全的，不客观的。

其实，就是在今天，很多局外人一谈 A 股投资（多数人名之炒股），仍然会认为是在赌博，甚至有人视之为洪水猛兽，至少认为这不是正当的事情。就是身在股市奋战多年的人，仍然会不免感叹"七亏二平一赚"的残酷与血腥。最躲不开的一个冰冷现实是，30 多年来，不知有多少人的财富在股市里灰飞烟灭！

A 股有一个生态悖论：一方面，A 股的长期投资收益率并不低；另一方面是很多投资者（如果他们也可以被称为投资者），根本就没有赚到多少钱，甚至不少人还亏钱。别看 2024 年

"9·24"行情逆转之后，新股民又积极跑步入场（当然，在很短的时间里又受到了"教育"），然而历史证明，牛市才是许多人亏损的根源。比如，在2015年那轮牛市中，曾有研究人员后来对上交所约4 000万账户的详细持有量和交易记录进行了汇总研究，2014年7月—2015年12月，85%的投资者（多为收入较低人群）损失超过2 500亿元。当然，那轮牛市有去杠杆而导致快速杀跌的历史罕见因素，但每次牛市过后，真正能够守住胜利成果的总是少数人，以后A股市场会不会出现多数人共赢的大好局面呢？有待于时间去证明，但我内心并不抱太美好的预期。

问题究竟出在哪儿呢？从我个人的正反两方面的经验与教训看，根子仍然出在投资者本身，要么是路子不对，要么就是难以克服自身的人性弱点。所以，要解决这个问题，关键还是要从自身去找原因。

下面，我还是将自己摆进去，谈谈自己的几点感悟，但愿能够给仍处于迷惘之中的投资朋友一点点启示。

第一，长期价值投资才是我们普通投资者实现财富逆袭的康庄大道。本人不才，2008年7月转型长期价值投资以来，本着与优秀企业风雨兼程的思想，坚持以年为时间单位持有，先后通过投资格力电器（曾持有14年）、贵州茅台（2012年买入后，多年来坚持只买不卖）、云南白药（曾持有10年，后来换股卖出）、天士力（持有9年，后来换股卖出）、片仔癀、恒瑞医药、通策医疗、爱尔眼科等少数差不多是人人皆知的"白马股"，成功地实现了个人财富的逆袭，实现了个人家庭的财务健康。

为了验证中国式长期投资，我在网上公开分享了女儿的一个实盘账户，2015年起，50万元的本金，通过持有贵州茅台、通策医疗、东阿阿胶、格力电器、恒瑞医药、同仁堂（已经换股卖出）等上市公司，取得了超预期的收益（在本章后面有单独介绍）。不仅如此，当我的两个外孙女出生之后，我还鼓动全家（包括亲家）建立了她们专门的股票账户，以期将来为她们挣得上大学的费用。

我的目的，就是希望通过我家三代人持有中国优质股票资产，通过"结硬寨、打呆仗"的办法，享受未来10年、20年、数十年的复利增长。

我并不否认，有少数交易天才可以依靠投机致富，但是我的经验告诉我，对我们普通人来讲，那可能是一条不归路，是一条死路。巴菲特说，人生就像滚雪球，重要的是要有很湿的雪和很长的坡，而这很湿的雪和很长的坡，在股市里就是坚持长期价值投资，坚持慢慢变富。而且这条路一点也不拥挤！

第二，长期价值投资可以让自己的人生得到升华。 坚持长期价值投资，最直接的好处就是可以给自己带来财富上的独立，进而让自己在纷繁复杂的世俗世界里有一种难以言表的宁静感、成就感、满足感。当然，坚持价值投资的好处绝不仅仅局限于这些。比如，我们投资于一家优秀的企业，就等于与优秀的人为伍，与智者进行长期对话。我们会发现，在激烈的市场竞争中，原来有一些有"利润之上的追求"的优秀企业，与这些优秀企业长期相伴，在长期耳濡目染之中，自己的人生境界也会发生潜移默化的提升与改变。

几年以前，静逸投资在做投资分享时，说了以下这段话，我觉得很能表达这种心境。

用投资而非投机的视角，股票投资成了一件值得追求的事业。它不再使人兴奋或焦虑不安，不再是杀机四伏的博弈，而是一种对社会趋势的观察，对商业模式的理解，对优秀企业家的欣赏，对复杂人性的洞察，对自己性格的再认知，对世界的好奇心，对喧嚣的远离和对孤独的享受，以及对偶遇同行的欣喜。投资需要逆向而行、独立思考、耐心、果断、看得长远，这些修炼会将我们带向更高的境界。投资不只是关于财富，它是普世智慧的一个分支。

第三，长期价值投资会让自己更相信国运。投资就是投国运。这句话对我们这代人来讲可谓感同身受，因为我们这代人有幸经历和目睹了中国40多年改革开放的全过程，更能感受到中国这些年来发生的天翻地覆的变化。就我个人来讲，一是当年恢复高考制度，让自己有机会考入大学，实现了自己人生的第一次成功逆袭；二是通过股市投资，用自己的智慧挣干净的钱，进而实现了个人家庭财富的一定积累，所有这些均是拜国运所赐。

巴菲特说，他很庆幸生在美国，套用他的话说，我也很庆幸生活在伟大的中国。投资是一份十分"带电"的工作，带着投资的视角看世界，更能够从自己所投资和观察到的实体企业中感受到中国这些年发生的深刻变化，进而更对我们这个国家的未来充满信心。如果将我们中华民族这个大家庭比喻成一只"大牛股""长牛股"，1840年我们这只大牛股、长牛股可谓被打落到历史的低点，而以1949年中华人民共和国成立为起点，我们这只大牛股、长牛股已经牢固确立了向上的趋势，经过70余年的峥嵘岁月，特别是经过40多年的改革开放，我们这只大牛股、长牛股无疑更是具有了蓬勃向上的发展之势。在这个重要的历史机遇期不投资中国，不做多中国，更待何时?!

以下，我还是用一段"光明的尾巴"作为这部分的结束语。

今天当我们站在中国九百六十万平方公里的广袤土地上，吸吮着五千多年中华民族漫长奋斗积累的文化养分，感受着中国十四亿人聚合的磅礴之力，作为一个中国人，作为一个普普通通的投资者，我内心对做多中国，分享中国未来的财富成果，从来都是底气十足、信心十足，因为道理再浅显不过：不做多中国，难道还要做空中国吗?! 尽管在未来的发展道路上未必是一帆风顺，甚至还会有些外部因素的扰动，但是"青山遮不住，毕竟东流去"，做多中国，也唯有做多中国，我们才能够听到财富的声音，过去是如此，将来也必然是如此！

投资、收获、分享

大凡成功的人物，都有自己较为宏大的人生愿景，并且长期专注地做一件事，将自身所有的资源集中火力在一个"城墙口"，从而铸就了自己的人生辉煌。那么，作为普通人，我们是不是也可以确立一个哪怕不太宏大的人生愿景呢？

我认为还是可以的，因为单纯从生物进化的角度讲，我们的人生没有任何意义（生物意义就是生存和繁衍），如果说有意义，还是我们自己要赋予自己的人生更多的意义（包括价值观）。所以，一个人要想让自己活得始终昂扬向上，让自己的精神始终保持充盈，就当结合自身的实际，确定自己的一个人生愿景，然后朝着这个目标持续不断地努力,如此才会让自己的人生活得更充实,更出彩,更有意义。

比如,早在多年前,我就立下这样的人生愿景:通过股市投资实现慢慢变富,并且以自己知行合一的投资实践带动和影响有缘人一起慢慢变富,我认为这对自己的人生来讲,更是一件十分有意义的事情。我这样说的,这些年也一直是这样做的,比如,通过出书,通过自己不停歇的写作分享,通过自己女儿实盘账户的展示,这一切均是围绕着自己的这一人生愿景来展开的。

自己的这一人生愿景,到现在究竟是实现了,还是没有实现呢?

我认为一部分已经实现,比如通过20多年的股市投资,我现在个人基本实现了财务独立,至少不再为钱发愁,同时,从许多天南海北的投资朋友的回馈看,通过自己的写作分享,也确确实实影响了一批人,进而改变了他们的财务命运,每每念及于此,我的内心就十分有成就感,并且这也是我持续不断思考、持续不断写作的力量源泉和精神动力。

当然,投资一直在路上,写作分享一直在路上,自己的人生愿景也一直在路上。

为什么自己要树立这样的人生愿景呢?

我曾经在网上看到过这么一段话,觉得十分有道理:人生最大的运气不是捡到钱,而是某天你遇到了一个人,他打破了你原来的思维,提高了你的认知,带你走向更高的境界。这样的人,就是你人生的贵人。而我人生的贵人之一,就是当年曾经因为投资写作而风靡投资界的李剑先生。

李剑先生当年曾说,他总想对大学毕业后的女儿说:"买到好股票等于找到一份好工作。买那些不必考虑卖出的股票，买能够养老的股票，像买自己住的房子一样买股票。"也正是受此启发，我为女儿建立了一个账户（当时她刚结婚，算是给她的嫁妆），目前账户收益已大大超出了我的预期，所以，从内心里，我一直十分感念李剑先生，并且从那时起，我自己还许下一个小小心愿，如果我有一天投资有成，也一定要成为像李剑先生那样的人，通过自己的写作分享，影响和带动有缘人通过股市投资实现自己人生财富的逆袭。

回望我这些年的投资历程，如果说李剑先生是我投资路上的第一位贵人，那么，李录先生在《穷查理宝典》序言中写的一段话，又给我极大的震撼。这段话是这样说的：

查理（查理·芒格）是一个完全凭借智慧取得成功的人，这对中国的读书人来讲无疑是一个令人振奋的例子。他的成功完全靠投资，而投资的成功又完全靠自我修养和学习，这与我们当今社会上所看到的权钱交易、潜规则、商业欺诈、造假等毫无关系。作为一个正直善良的人，他用最干净的方法，充分运用自己的智慧，取得了这个商业社会中的巨大成功。在市场经济下的今天，满怀士大夫情怀的中国读书人是否也可以通过学习与自身修养的锻炼，同样取得世俗社会的成功，并实现自身的价值及帮助他人的理想呢？

请看以上关键词：完全靠自我修养和学习，运用自己的智慧，取得商业社会中的巨大成功，实现自身的价值及帮助他人的理想。

说实在的，这段话当时对于在体制内工作的我产生的震撼与冲击是局外人难以想象的，也正是这一榜样的力量，从某种程度上颠覆了我的价值观，并且实际上也改变了我后来人生的方向。我的个人愿景，也吸取了其中某些关键的营养成分，如"实现自身的价值及帮助他人的理想"。

到了我这个年纪，应该说人生的阅历已经让自己看明白了世俗世界的一些人和事。我曾撰文说，人生就像股市，而股市又像人生，因为人性是相通的。对于这句话，一位未曾谋面，但惺惺相惜、心心相通的投资朋友"风云"（网名）产生了深深共鸣，他说：

当我看到我的周边，从过去的"40后""50后"到现在的一些"60后""80后"，在官场上就像在股市上做投机成为被"收割"的韭菜的时候，其间又是怎样的令人感慨啊?! 更为可惜的是，他们中很多人还是名牌大学毕业的，也曾经有着自己年轻时的灿烂梦想。

所幸，自己因为投资早就明白了这样的一个人生道理：依靠自身的修养与学习取得成功，无论是在职场，或者是在股市，这样走下去，越走越通畅，越走越快乐，这种选择本身就是一种人生的智慧。

虽然巴菲特在30岁时，就已经是千万富翁，在35岁之时就已经是亿万富翁，但他的财富大部分是60岁以后赚到的。我经常向我的爱人说："今生今世，我真的很感激我在投资上曾经遇到的贵人，当然，其中也包括巴菲特、芒格、费雪等投资大师，因为他们教会了我怎样过好自己的一生，并且也让我更加明晰了自己未来的人生愿景。至少，我选择了一个可以永不退休，且越老越'香'的事业，而且按照这个路子走下去，我个人家庭不仅能够享受到时间复利的财富魅力，更为主要的是它让我每天都感到特别快乐，让我的精神特别充盈，能够享受到每天'跳着踢踏舞上班'的快乐！"

有道是，空袋子是立不起来的，是的，若无愿景，人生也会很空虚。

守正笃实久久为功，真诚善良事事顺遂

一个人在体制内工作至退休，意味着什么呢？不同的人可能有不同的回答，在我看来，退休就意味着社会意义上你的工作价值清零，同时也是个人自由自在生活模式的开启。当然，就我自己而言，还有一项待正式开启的事业，这就是投资。

是的，就是股票投资，虽然我有了25年的投资经历，但是在正式退休之前，自己仍然是个业余的投资者（自己多年来写作的图书、文章均是在晚上和休息日完成的），而今迈步从头越，自正式宣布退休的那一刻起，我就可以称得上完完全全的"职业投资人"了。

所以，当那日傍晚（2024年3月8日）接到通知可以正式办理退休手续了，激动与期盼充盈我心间，甚至有点兴奋不已。于是当天晚上，我就退出了所有的工作群，以一种重新归零的心态，面对着"自在"的现在，以及可预期又不可预期的未来了。

回顾过往

当一个人退休之时，如果说对自己的过往没有感慨，是不可能的。回顾自己的求学、入职、升迁之路，虽然有些坎坷，有些曲折，有些不如意，甚至一度有些憋屈，但总体而言，可用 12 个字概括：功德圆满，终成正果，了无遗憾！

我是 1982 年考入河北大学中文系汉语言文学专业学习的，20 世纪 80 年代的大学生，那时被称为"天之骄子"，让农家出生的自己的个人命运实现了质的蜕变与跃迁——4 年大学的学习生活也是我一生精神的伊甸园。

在那个包分配的年代，在毕业分配之时，虽然因为开始分配的工作不如意，有些小的波折（人生社会第一课），但终归享受着时代的红利，并受"学而优则仕"思想的支配，顺顺当当地进入了体制内工作。

"靠着一只秃笔打天下"（自己先前的戏称），我的职业生涯竟然七拐八拐地换了 8 个工作岗位，当然，最后一个岗位待的时间最长，21 个年头"基本原地踏步"！

在考入大学之时，我以为自己很"能"，用今天的话说就是"学霸"，然而现在想来，实际上是拜时代红利所赐，再加上点儿个人的天赋与努力（从小老师就夸我脑瓜灵，呵呵）。

工作以后，经历提职、提级，并在最后的这个职级顺利退休，我也曾以为自己很能，但实际上是天时、地利、人和之势合奏而成，当然这中间也有个人的积极努力。

人这一生是很有意思的，或者说是没有办法预料的，因为有时一个突发事件就会改变你的职业走向。北宋宰相吕蒙正在他的名篇《寒窑赋》中，曾经感慨道："人道我贵，非我之能也，此乃时也、运也、命也。"当然，自己远没有那么"贵"，甚至也算不上"贵"，自己只是认同他说的这个道理。

总结自己 38 年的职场生涯，深刻的感悟有很多，下面撷取几条。

第一，人生在世，先不要想着建功立业，而是要糊口谋衣。这并不是我说的，是复旦大学哲学系教授王德峰在一次视频讲课中说的，但我深深认同。当然，满足了糊口谋衣之后，你理想的结局自然是建功立业，但是如果没有这么大的作为，也并无大碍，只要坚持做一个踏实、本分的自己，坚持做对的事情，并把事情努力做对，如此便好。

第二，你终将会成为那个应该成为的自己。这是投资大佬段永平说的，是对投资也是对人生而言的。是的，人的这一生的确如此，就是你的出身、你的性格、你的修为、你的学识、你的能力、你的格局，以及你周边的环境，最终会成就那个你应该成为的自己。这些东西，恍如人生的"内在罗盘"（特别是你的性格与修为），最终会牵引出你的最终结局。这是不是有点超验的宿命论，我不得而知，但依我的人生感悟，的确如此。

第三，不要挑战自己的人性。一如投资中不要挑战自己的人性，在自己的职业生涯中也不要挑战自己的人性。常有同僚感喟自己，似乎依他的本事和能力应该谋到某个位置，然而我说，上天之所以没有让你升至那个位置，实际上那可能是在保护你，因为你与生俱来的人性弱点有时是无法承受那种种挑战的。德要配位，而德不配位则容易让自己遭受人生惨败的境地！

第四，上帝给你关上了门，还会给你打开一扇窗。人生不如意事十之八九，你的职业走向也未必如你所愿，但注意自己要与自己在心灵上进行和解，并且要智慧地选择适合自己，或者自己擅长的事情去做。

是的，当你在心灵上与自己和解，有时你就会找到那个幸福的门和窗，因为人这一生，在满足了"稻粱谋"之后，保持内心的那份从容与淡定，保持内心的那片宁静的清澄，才是你真正幸福的源泉。而在这种心境之下，你才不会被种种身外之物迷住心窍，才会看清那个真实的自己，并最终找到那个擅长的自己。

第五，终身的学习。 自己平生最大的爱好便是读书。回顾过往，自己最深感欣慰的是，大学毕业之后，自己一直坚持读书学习。如实说，自己的学习力，连自己的爱人都十分感佩！

是的，一个人学习与不学习，一两天看不出来，一两年看不出来，但是十年八年下来，差距就是不可逾越的鸿沟。一个人唯有保持学习力，才能与优秀的人为伍、与智者谈话，才能开发出自己的智慧力。

一位同事给我的投资工作室写了一副对联，他说是专门为我而写。

守正笃实久久为功，
真诚善良事事顺遂。

虽然有溢美之词，但我认为确实也有对我"量身定做"的成分，至少也道出了我的心迹，故也记录于此。

畅想未来

按照《黄帝内经》所说的天年，即 120 岁计算，60 岁的我就是进入了人生的下半场。而且客观的现实告诉自己，绝大多数人人生下半场的长度是"跑"不过上半场的。然而毕竟是理论上的下半场，未来仍然很长，所以也当做些筹划。总结起来，就是练好以下"四力"。

第一，孤独力。我们"智人"这个物种在几百万年的进化过程中，形成了群居的特征，即我们人类是个群居的社会性动物。所以，哲学家说，唯有神与野兽才能够忍受孤独。然而，人生最终又是一个孤独的心灵旅程，哪怕是你的至亲至己，最终也解脱不了你自己这种心灵上的孤独。所以，随着年龄渐长，练就自己的孤独力是必须的。

何谓孤独呢？复旦大学哲学教授陈果在一次视频讲课上说，孤独并不是寂寞无聊、百无聊赖，而是一种"圆融"的高贵。当然我的理解没有如此高层次，没有如此诗情画意。我与朋友说，当你能够抽出很多时间来安安静静地独处，能够忍受只有骚扰电话的生活，就等于是练好自己的孤独力了。虽是戏言，但我觉得有几分实在的道理在里面。好在，我很佩服自己有这种超出常人的能力。

第二，学习力。今天这个世界变化太快了，确实如芒格所说，不学习，这个世界就会从自己的身旁呼啸而过。比如，当下正火的 AI 技术就令我目眩神迷。所以，活到老、学到老，坚持终身学习仍然是我孜孜以求的。好在，我很欣慰自己具备这种能力。

第三，钝感力。 日本作家渡边淳一著有一本书叫《钝感力》，渡边淳一认为，所谓"钝感力"，并不是迟钝，它强调的是一种面对困顿的耐力，是厚着脸皮对抗外界的一种能力。它仍然是一种积极向上的人生态度。这本书我并未读过，只是看过有关的介绍。这里只是对这个词感兴趣，并借用一下。

是的，人到了一定年纪，最应该拥有的就是对生活的这种钝感力，不仅要对自己过往的朋友、同事保持必要的钝感力，就是对自己的至亲至己也应该保持一种钝感力了。自己在这些方面，还要好好锤炼。

第四，自律力。 我们人类天生就是懒惰的动物。不仅身子懒，思想上更懒。所以，保持经常性的运动锻炼，保持经常性的学习，保持自己的独立思考（不做旅鼠般的跟随），这些都是有违我们人的这种"动物性"的。若想克服掉我们人的这种"动物性"，就必须具备一种超出常人的自律力。

人的自律性建设没有天花板，但也因人而异。至少应该保持自己良好的作息习惯，有益于自身的健康。

在自律力上，有的我做得好，比如坚持运动锻炼，比如坚持读书，但有的做得不好，存在着一些漏洞和短板，自己力争能够做些必要的改变——因为有些习惯是至死也难以改变了，毕竟我们人是习惯性的动物。

最后再说一句：练好"四力"，可保天长地久，呵呵！

专注一件事

一个人如果专注地做一件事十年，就有极大可能成为那个方面的行家里手，正所谓万小时定律。然而股票投资可能是个例外，不要说做10年，就是做20年也未必能够保证自己永远成功。然而，热爱是最好的老师，唯有热爱才会找到巴菲特那种"跳着踢踏舞上班"的感觉，而我自己现在就感觉投资是那么有趣。

投资于自己，确实是一件十分有趣的事情，而且它还可以让自己用自己的智慧挣干净的钱。终于让自己从"业余"走向"职业"，正所谓工作的终结，事业的开启，这怎会不令自己精神昂扬呢？

日本的经营之圣稻盛和夫说，人生最好的修行是读书与赚钱，因为读书使人不惑，有钱使人不屈。自己诚为以然也！

自己崇拜的偶像巴菲特、芒格说，做自己喜欢的事情，与自己喜欢的人在一起，这也是我人生的愿望！

我在前文中写道，单纯从生物进化的角度讲，我们的人生没有任何意义（生物意义就是生存和繁衍），然而在完成这个基本任务之后，人生若想活得有点意义，那就必须让自己鼓捣出有意义的事情来。或者严肃一点说，要让这个"空空"的自己拥有一种价值观，让这个"空空"的自己种下一种人生愿景。而当下自己的人生愿景便是，通过持续不断的写作和投资分享，带动和影响有缘人一起慢慢变富。

稻盛和夫的前半生一直磕磕绊绊。大学毕业后找了份陶瓷厂的工作，工厂却濒临倒闭。27岁创办京瓷公司后，经营也遇各种不顺。直到40岁，京瓷成功上市，他这才成功翻身。谈及自己逆转成功的关键，他总结出两个字：利他。

他说：利己则生，利他则久，利他是一种高级的利己。

他的这种人生智慧，恰恰与我们中国传统的智慧（比如老子的《道德经》）是息息相通的。

所以，利己也好，利他也罢，有这样一种人生愿景，才会让自己的人生更有些牵引和意义。

这里，再背诵一下曹操的《龟虽寿》吧。

神龟虽寿，犹有竟时。
腾蛇乘雾，终为土灰。
老骥伏枥，志在千里。
烈士暮年，壮心不已。
盈缩之期，不但在天。
养怡之福，可得永年。
幸甚至哉，歌以咏志。

风狂雨骤时立得定，才是脚跟

就像巴菲特每年给股东写一封信一样，我认为，我们普通投资者也要形成这种一年一总结的习惯。这样一方面可以给自己的投资留下可靠的记录，另一方面还让自己的投资理念、投资体系不断得到补充和完善。在投资中，我们理解了的东西未必能够写下来，但是大凡能够写下来的东西，一定是我们理解比较透彻的，是经过自己清晰思考过的东西，长此以往一年一年地写下去，就我的体会而言，实在是一件特别受益的事情。

那么，投资总结怎么写呢？当然，每个人会有不同的思考，不同的人也会有不同的写法，下面，就将我 2023 年的投资总结收录在本书，其中包含近几年我对投资的一些新思考，供读者参考。

花繁柳密处拨得开，方见手段；
风狂雨骤时立得定，才是脚跟。

上面这副对联，出自明代陈继儒撰的《小窗幽记·集醒篇》。我认为，对于描绘我们的股市投资十分贴切，因为我们在投资中，既有"风狂雨骤"的时候，也有"花繁柳密"的时节，但无论我们处于何时，均应从容应对。

回顾过去几年，2019 年、2020 年显然我们投资者享受到"花繁柳密"的美好时光，而在 2023 年，显然又经历了"风狂雨骤"的考验。

收益

2021 年做投资总结时，我已将"茅台+"组合当成"个人家庭非控股的多元化公司"来对待了，而自己则自命为"空头董事长"，那么，2023 年，这个"多元化公司"的表现如何呢？

首先说明一下，我在"如何正确地评估投资业绩"一节中，已经说明，真正的投资者应该采取巴菲特"透视盈余"的方法，来计算自己的投资业绩，而不是市场上多数人运用的市值总结法（一年内市值的浮盈或浮亏说明不了什么，应该长期与沪深 300 基准指数做比较），因为账户市值每年都是一个"精确的错误"，这种计算方法让人更多地关注了记分牌，而没有盯住比赛场。巴菲特说，投资只要学好两门课就可以了，一门课是如何评估一家企业的内在价值，另一门课是如何面对市场的波动。我认为，可以将他说的这第二门课改为如何正确地评估自己的投资业绩，如是，这两门课学好了，投资就真的合格了。

当然，运用这种计算方法衡量投资收益，每年的投资总结恐怕要延迟到 4 月 30 日了，因为上市公司每年的年报到这个日期之前才公布完毕。

2023 年持仓：贵州茅台，占比 87.3%；片仔癀，占比 5.1%；恒瑞医药，占比 4.5%；爱尔眼科，占比 2.1%；通策医疗，占比 1.0%。

以上，就是自己"个人家庭非控股的多元化公司"的全部成员。

且看持仓成员（企业）的每股收益：

- 贵州茅台：2023 年每股收益 59.49 元，同比 2022 年每股收益 49.93 元，增长 19.15%。
- 片仔癀：2023 年每股收益 4.64 元，同比 2022 年每股收益 4.10 元，增长 13.17%。
- 恒瑞医药：2023 年每股收益 0.68 元，同比 2022 年每股收益 0.61 元，增长 11.48%。
- 爱尔眼科：2023 年每股收益 0.364 4 元，同比 2022 年每股收益 0.279 0 元，增长 30.61%。
- 通策医疗：2023 年每股收益 1.56 元，同比 2022 年每股收益 1.71 元，下降 8.77%。

总体看，虽然通策医疗录得了负增长，但是算总账，2023年这个"多元化公司"的净利润同比2022年增长了18.61%（用持股数乘以每股收益，计算出全年净利润及其增长率），对这个增长自己还是相当满意的。

特别需要指出的是，其中仅茅台年度分红收入便已远超我个人家庭日常生活基本开支的需求（2023年茅台每股分红49.982元，占每股收益的84%），一想到这些自己就感觉到"甜蜜蜜"！

配置

作为"空头董事长"，自己平时大量的时间就是阅读、写作、思考、发呆，绝大多数时间处于无事可做的状态。但是在关键时刻，还会着手进行一下资产配置，即新进资金的买入和分红再投资。

主账户全年新增少许资金，但新进资金按现在的茅台股价仍不够买一手的，毕竟自己的工资性收入还需要用于生活，不可能全部扔进股市。在我生活的这个比奥马哈大一点的地方，一般公务员年工资性收入仍然是不够买一手茅台的，这就是现实。当然，主账户利用分红（主要是茅台分红）新增持了少许片仔癀、爱尔眼科。

目前女儿账户的"空头董事长"仍由我兼任，全年主要是利用股息再买入，除增持东阿阿胶以外，其余均是利用茅台、格力的股息增持格力。

除以上外，全年无任何交易。可见，自己这个董事长确实是个名副其实的"空头董事长",全年下来除了股息再投入,基本上无事可干!

点评

作为自己家公司的"董事长",自己管理投资的总体思路是什么呢?

依然是核心股权资产全部集中在"简单易懂"的基础之上,其长期净资产收益率当在 20% 左右,或者更高。标的属性,要么是具有经济特许权(消费独占),要么就是处于良好的赛道,公司可以较高增速奔跑,要么就是显而易见的便宜。

这里解释一下,为什么要界定"长期净资产收益率当在 20% 左右"呢?因为芒格曾有一段精彩的论述①:

> 长远来看,股票的回报率很难比发行该股票的企业的年均利润高很多。如果某家企业 40 年来的资本回报率是 6%(净资产收益率 6%),你在这 40 年间持有它的股票,那么你得到的回报率不会跟 6% 有太大的差别——即使你最早购买时该股票的价格比其账面价值低很多。相反地,如果一家企业在过去二三十年的资本回报率是 18%,那么即使你当时花了很大的价钱去买它的股票,你最终得到的回报也将会非常可观。

---

① 资料来源:彼得·考夫曼. 穷查理宝典 [M]. 李继宏,等译. 北京:中信出版社,2021.

这段论述，我认为可称为"芒格定理"，就是我们投资于一家企业的长期回报率将无限接近于长期净资产收益率水平，这也是巴菲特最为看重的一个财务指标，当作为自己投资的重要指南。

按照上述思路，分别做如下点评。

第一，贵州茅台。作为自己家公司的主要成员，自2012年首次买入之后，只买不卖，当下仍是当成收藏品、非卖品来看待的。

它是一家什么样的公司呢？

按照巴菲特思想，这是一家典型的具有强势经济特许权的公司。其特点：

- 被人需要。
- 不可替代，有时这种不可替代是消费者心智层面的。
- 定价权。
- 可以容忍平庸、无能的管理层。
- 长期抗通胀。

投资重要的是，一看商业模式，二看企业文化，当然其中最重要的是看其产品能否长期地、牢牢地侵占着消费者（目标客户）的心智。

就产品而言，茅台是白酒中最好喝的酒之一，我想会喝酒的人、懂酒的人自然知道其中的意味。它是否长期地、牢牢地侵占着消费者（目标客户）的心智呢？这也是毋庸置疑的，在众多喝酒的人中，有的偶尔品尝一次茅台酒（主要是普茅），那种好奇满足的心理也是无法形容的，这一点懂的人自然懂。

就商业模式而言，我认为茅台也是无与伦比，甚至我固执地认为，投资研究的尽头是茅台，拿着茅台这把商业模式的尺子去衡量，总让人感觉其他标的或多或少地"矮矬穷"！

就企业文化而言，茅台酒的高品质文化已经渗入茅台人的血液（这要感谢郑义兴、李兴发、季克良等老一辈大师和工匠们的突出贡献），不管是谁接任经营，我估计他是断然不敢破坏的！

拥有以上这么多优点（还有它不怕库存，甚至老酒越放越值钱），对于已经拥有的茅台股权资产，自己还会轻易脱手卖出吗？

当然是不会的，不仅不会，私下里我还不止一次地向爱人夸下海口，今生今世，仅仅是一只茅台（吃股息）就足以保证我们吃喝不愁了！

过去的一年，茅台有以下三点利好。

一是提价。10月31日"半夜鸡叫"，公司发布重大事项公告：自2023年11月1日起上调本公司53%VOL[①]贵州茅台酒（飞天、五星）出厂价格，平均上调幅度约为20%。

"千呼万唤始出来"，这次提价就短期而言，可以提升利润增长，更为深远的意义是，茅台的提价权又复活啦！

二是特别分红。11月20日，公司公告特别分红：以总股本125 619.78万股为基数，每股派发现金红利19.106元（含税），合计派发现金红利240亿元（含税）。

[①] 53%VOL是茅台的经典酒精度。——编者注

我认为，茅台就是芒格所说的那种现金泛滥的公司，依其账上富余的现金流，完全可以将特别分红常态化，如此，茅台股东幸甚！

三是扩产。这是2022年的消息，但这个消息对于公司未来发展很重要。

2022年12月14日晚公告，公司投资155.16亿元建设茅台酒"十四五"技改建设项目，项目建设周期为48个月。项目建设地点位于茅台镇太平村和中华村，规划建设制酒厂房68栋、制曲厂房10栋、酒库69栋及其相关配套设施，建成后可新增茅台酒实际产能约1.98万吨/年，储酒能力约8.47万吨。

测算一下，扩产后茅台基酒实际产能将从5.65万吨增加到7.63万吨，增长35.04%。

这是茅台公司一个历史性、战略性的决策。说它是历史性，是因为这是茅台有史以来最大规模的扩产；说它是战略性，是因为这直接关系到茅台发展的未来。

"ZZ贵州茅台价值投资之道"称（数据来自他的微博）：

> 茅台酒核心产区包括老厂区，中华村和太平村，一共17.5平方公里左右，并不是通常所说的15.03平方公里。老厂区和中华片区，已完成产能，大约5.6万吨，并已经投产。在"十四五"期间以及以后的时期，将再建一个茅台酒厂，使茅台酒的总产能在2035年以前达到10万吨。

如果真是这样，茅台的未来仍然是有着扩产空间的。

由此看来，可以肯定地说，茅台的未来有望量价齐升（或量升，或价升），至于如何平衡把握好二者的关系，就交由管理层费心打理去吧。

总之，在可以视见的未来，茅台管理层手里能管理增长的牌很多，比如扩量、提价、产品结构调整，以及国际化拓展，如何因时而变，如何平衡把握，我相信管理层的智慧。

第二，片仔癀。如果在 A 股寻找第二家具有强势经济特许权的优秀公司，在自己的能力圈之内，那就非片仔癀莫属了。

我曾经给自己做过一个心理测试，即按照 10 年荒岛挑战理论，如果在 A 股仅允许自己持有一家公司，那自然是茅台，若再加一家呢？那就是片仔癀了。所以，我将茅台与片仔癀的组合称为"绝代双骄"，长期拥有如此两个"国宝级"的优秀企业，我这个当空头董事长的，有时还真是睡觉也会笑醒！

片仔癀全年最大的利好是提价公告。

公司 5 月 6 日公告：鉴于片仔癀产品主要原料及人工成本上涨等原因，公司决定自公告之日起，公司主导产品片仔癀锭剂国内市场零售价格将从 590 元 / 粒上调到 760 元 / 粒，供应价格相应上调约 170 元 / 粒；海外市场供应价格相应上调约 35 美元 / 粒。

真是不便宜啊！不过，不用担心，片仔癀的目标客户较为高端，而且消费极其小众。

我 2023 年 10 月 22 日在某平台的片仔癀旗舰店上购买过一次片仔癀，结果当天只允许买入两盒四粒，还限购呢！到货后查看生产日期是 2023 年 7 月 25 日。

有人质疑，片仔癀的提价会不会重蹈当年东阿阿胶的覆辙呢?！

从各方调查的信息看，我认为发生这种概率的可能性极小，所以，投资切不可机械地照抄照搬，而应当具体问题具体分析，对不同的麻雀应该有不同的解剖方法。

那为什么全年股价下跌呢？其实这个答案简单：杀估值，而不是杀逻辑呗！

我们这个市场也是很有意思的，有时市场先生也会患有"红眼病"，你想别人的市盈率都跌至 10 倍、20 倍了，你凭什么非要高高在上，甚至维持在 40 倍以上呢？所以，有时市场先生不讲道理，要随着大势让它跌一跌，"表示"一下。不过，倒是让我终于又忍不住，利用账户分红全年挥了两次小杆。

展望未来，我希望片仔癀新任管理层，早日将之恢复到原来收入增长 20% 的轨道，因为手中一副好牌，总是要比手中一副烂牌好打得多！

第三，东阿阿胶。"天下苦阿胶久矣！"以前每年投资总结，我都忍不住发出这种感叹，但是今年用不着啦，因为"遇难"的阿胶终于有了"王子"相，其股价也在弱市之中有点王者之气了。

在公司原总裁秦玉峰经营的鼎盛时期，年最高净利润 20 亿元左右（但可以称之为虚假繁荣，因为有渠道压货的因素），从目前情况看，我觉得第一步，公司未来两三年争取恢复至年净利润 15 亿元左右，第二步再向"玉峰顶"冲击。在新任老总程杰的带领下，我觉得大概率是会实现的。

这里再回顾一下，为什么阿胶"遇难"之后我一直笃定坚守，并且还增加了几千股股份呢（女儿账户）？

1. 东阿阿胶品牌在消费者（目标客户）心智中的占位并没有被颠覆，东阿阿胶依然是第一品牌，并且是具有中药道地地位的品牌，这是其东山再起的最根本底色与逻辑。

2.公司资产依然很"硬"，即家底足够厚实，完全是依靠自己内生性增长。短期借款、长期借款均无。近些年公司一直是在没有长、短期借款的情况下经营发展。

3.对股东还算友好，经营亏损了仍然坚持给股东分红，尽管分红比例并不太高（其账上有20多亿元资金理财，完全是可以多分给股东些的），但至少表明了一种态度。

4.渠道的问题终究还是暂时的问题，一年不行两年，两年不行三年，迟早会消化掉的。

有道是"牵牛要牵鼻子"，即我们看问题要抓住主要矛盾，如此，才不会"一叶障目，不见泰山"。换句话说，那些一见东阿阿胶遇难就立马跑路的投资者，或许是将东阿阿胶一时的遭遇当成了"牛鼻子"，并没有抓住它依然会由"青蛙"变回"王子"这一主要矛盾，所以，失望地跑路也就不奇怪了（当然，那些想躲开经营困难时期，待其经营反转之后再回来的乖巧投资者除外）。当然，这中间需要付出五六年的时间成本，但是投资如果没有5年滞涨或下跌仍然淡定持有的耐心与信心，还搞长期价值投资干啥呢？！

要知道茅台在历史上也曾有过不止一次腰斩，曾花8年的时间才创历史新高！总之，若论持股耐心，我估计自己会超过市场上的大多数人，我认为，这也是我们普通投资者在这个市场上长期活下去、活得好的核心竞争力！

好兆头是，阿胶由"青蛙"完全变回"王子"的日子应该不太遥远了！

第四，医疗双雄。我一向将通策医疗与爱尔眼科称为"医疗双雄"，几年前，我就对医疗双雄有如此的认识。

1. 在公立医院占主导地位的情况下，社会资本进入医疗领域，具有专科特色的民营医院更容易逆袭成功。

2. 医院是一门慢生意，但是做好了，在患者心智中赢得好的口碑，又会变成一门具有永续经营特点的好生意，其现金流是可以汩汩流入的。

3. 总体而言，我国的优质医疗资源是不足的，特别是越到基层，优质的医疗资源越稀缺，这就给具有连锁特点的民营医疗机构带来了很大的发展空间。

4. 虽然公立医疗机构有政府信用的背书，很多患者看病的首选还是公立医疗机构，但是民营医疗机构更加灵活高效的管理机制，特别是吸引人才的机制，也容易让具有"利润之上追求"的民营医疗机构不断侵占市场份额，进而寻找和拓展自己的利基市场。

5. 民营医疗服务机构受国家集采政策的影响更小，甚至可以忽略不计，而对社会资本进入医疗服务领域，国家政策的态度总体上是鼓励支持的。

正是出于以上几条根本逻辑，所以我先后将通策医疗、爱尔眼科收入囊中，并且几年下来，带给自己不菲的投资收益。

投资重要的是看这家公司是否具有差异化的商业模式，那么，通策医疗与爱尔眼科在商业模式上是否具有差异化的优势呢？

表面看来，似乎没有，因为医疗服务更讲究标准化服务，但是，医疗服务还讲究可及性、地域性，比如，北京的三甲医院再好，全国人民也不可能全部集中到北京去看病。从某种程度上说，这个行业具有竞争友好型特点，所谓可及性、地域性便可以视为"差异化"。

从异地复制速度上看，爱尔眼科因为行业特点而更快些，但是通策医疗通过"旗舰医院＋连锁分店"的形式，将具有手工特点的口腔服务变成可复制的商业模式，进而形成了自己独具特点的护城河，在一些民营口腔连锁机构亏损的情况下，它却在行业内独树一帜，随着未来的全国性扩张，其市场的天花板还远远没有到来。

作为通策医疗与爱尔眼科的股东，虽然自己仅仅是"纳米级"股东，但是毫无疑问，我总是站在一旁为他们鼓与呼。

当然，我希望，作为医疗服务机构更应该为患者提供更高品质、更高舒适度的医疗服务作为自己的价值观和命根子，因为唯有如此，才会行稳致远。

第五，格力电器。

1. 格力的基本盘仍然在空调业务上，这个基本盘不倒，格力就不会倒，这是投资格力的基本逻辑。

2. 格力的发展已进入相对成熟期，我是将之作为价值股买入的，因此，更企盼其优厚的分红。特别是在股价下跌之时，正好可以利用分红多积攒股权。

3. 格力近几年一直进行多元化拓展，但似乎不尽如人意，也一直广受市场诟病。

老实说，其对多元化拓展的认知，已经超出了我的认知圈（当然也因为投资格力，我注意浏览了一些这方面的材料），但是其优秀的制造能力，以及对产品品质的极致追求，其他板块业务厚积而薄发也未必没有可能。特别是近几年，格力进入智能制造、新能源板块，包括零碳源产品、储能业务，我认为大的方向是正确的，格力未来的第二增长曲线或许要在这里突破。

4. 截至2023年年底，格力市值为1 811.62亿元，按2022年净利润245.07亿元计算，对应市盈率7.39倍。假若自己有这么多钱，将格力"私有化"，每年赚取245亿元，相当于每年有13.52%的投资收益，自己有这样一个生意，感觉也不错，当然，前提是格力电器以后的经营应该保持"稳健"。

5. 我更喜欢格力的文化，这个文化集中到一点，就是格力对产品品质的极致追求。作为消费者，我购买格力产品时，并不关心董事长是姓董，还是姓李，我只关心它的产品品质是否足够好，以及它的性价比是否值得购买。

总之，不论从哪个角度讲，格力目前仍然让我爱不释手！

第六，恒瑞医药。医药是永远的朝阳赛道，特别是中国进入老龄社会，20世纪60年代的出生高峰期人口将逐步步入老年，医药行业的投资机会是不应该被忽视的。然而在医药行业，除了传统的品牌中药，大多数企业具有专业性强、研发投入大、未来不确定性高等特点，不过，正是由于这些特点，我认为在投资的选择上就好办了，即选择国内最强最优的龙头公司投资就可以了，所以，恒瑞医药又进入了自己的"法眼"。

在2021年投资总结时我说，恒瑞医药为2021年我投资组合中战略性不断买入的品种，也是我时隔8年之后，再次拥有它。我之所以说"再次拥有"，是因为2012年之前，我曾经持有它4年多的时间，后来因为茅台一时遇难，而自己又愁于可用仓位不够，于是卖出恒瑞医药而买入茅台，后来我称之为"用鲜花浇灌鲜花"。但是这些年，自己一直没有放下对恒瑞医药的关注,现在之所以"旧情复燃",主要源于以下逻辑。

1. 我国医药研发实力、商业化能力谁最强?我认为非恒瑞医药莫属。如果看好中国未来医药这个重要赛道,作为"医药一哥"的恒瑞医药不应该缺席。而经过多年的观察,我相信,未来中国的医药企业必然会进入"万亿市值俱乐部",不然,就太愧对中国这个偌大的医药市场了,这是投资恒瑞医药的最基础的逻辑。

2. 恒瑞医药在转型创新药上是起步较早的,十四五年前国内众多的药企还在着眼于做仿制药赚快钱时,孙飘扬总就着眼于创新药的研发(2009年研发投入2亿元,当时在众多药企中脱颖而出)。多年来,恒瑞医药致力打造丰富全面、布局深远的产品研发管线,这一点,国内绝大部分药企已难望其项背。

未来恒瑞医药转型成功就会成为"龙",转型不成功就是条"虫"了。当然,我"赌"其未来能够转型成功(未来两三年创新药占比有望达到60%~70%)。

3. 作为中国医药行业的代表,研发投入居行业前列。公司近10年累计研发投入300多亿元,近几年研发投入占收入比20%以上,且研发投入资金均来自内生性增长。

研发投入虽然具有周期长、风险高等特点,但是药企若没有足够的研发资金是不足以保持未来核心竞争力的,从某程度上讲,有实力进行较大的研发投入,本身就是一道竞争门槛。

4. 在深耕国内创新发展的同时,恒瑞医药持续稳步推进国际化,并有了初步成果。

当然,从商业模式上讲,恒瑞医药与茅台、片仔癀这样"躺赢"的企业相比,还是有很大差距的。直白地说,单纯从投资的角度，恒瑞医药这种研发投入多、产品周期长、受政策影响较大的企业，不应该入我的"法眼"。特别是集采和医保谈判政策的影响，以及行业"内卷"的激烈竞争态势，更给恒瑞的未来发展带来一些不确定性。然而，我们投资的目的是赚钱，但也不应该完全是赚钱，因为，随着自己年龄渐长，身边不断有至亲至友因为罹患癌症而去世，每当自己深深悲叹之余，总是对恒瑞这样的优秀药企抱有更多的企盼。如果说投资还需要讲一点情怀，我认为这就是。

此外，拥有恒瑞医药的少许股权，还可以让自己对整个行业的发展动态保持着不断学习的动力（若想学习它，最好的办法是先拥有它），说不定通过这种努力，哪一天自己就有望钓到一条大鱼！

进化

就像生物进化一样，投资就是一个不断学习、进化的过程，在这个过程中，随着自己的知识实现复利，进而让自己的财富实现复利。所以，不断地阅读学习，已然成为自己生活方式、投资方式的一部分，而且是越来越重要的一部分。

2023年，我的进化体现在下面的三个深化。

第一，进一步深化了对价值投资分类的认识。

价值投资有四项基本原则，即股权思维、利用市场、安全边际、能力圈，这四项基本原则构成了一个完美的逻辑框架，而构成这个完美逻辑框架的基石是股权思维。在这块基石的指导下，我认为，价值投资（或者去掉"价值"两字，直接叫投资）

又可以分为以下两个派别（这种划分未必科学，完全是从自己的实践层面来说的）。

一是"不纯粹"的价值投资。我说的这个"不纯粹"，主要是指并不单纯地去赚企业增长的钱，甚至在大多数时候是利用市场赚市场的钱，即低估时买入，高估时卖出，或者说是当市场先生悲观绝望之时买入，而在市场先生疯狂至极时卖出。格雷厄姆的投资、巴菲特早期的投资、施洛斯的投资等是这方面的典型代表。

二是"纯粹"的价值投资。这种"纯粹"，就是真心实意地而不是三心二意，更不是虚情假意，是真正从当股东、当合伙人的视角去买入优质股权资产，并且在买入之时就在自己的头脑中删去那个"卖"字，持有的期限着眼于永远。这种投资虽然也有利用市场的成分，比如利用我说的"三大机遇"买入，一旦买入了，就不再奢望去赚市场的钱，而更多的是考虑赚取企业未来自由现金流增长的钱（包括其中的分红收入）。芒格的"坐等投资法"，可以归结为这种"纯粹派"。

为什么在理论上如此进行分类呢？

因为多年来我自己一直有个困惑，或者说让自己有点"精神分裂"的地方就是，我们总是说要从当股东的角度去投资，但是你低估时买入、高估时卖出，这种类似于估值套利式的游戏，严格意义上讲哪像个当股东的样子呢？不是吗？现实生活中，谁会将自己家的企业在市场上卖来卖去的呢？然而，这样一分类，就让价值投资在理论上和行动上"和解"了，因为"利用市场"本来就是价值投资的应有之义。

需要指出的是，无论采取哪种类型的价值投资，都不取决于我们头脑中的理论教条，相反，是完全取决于投资标的质地（我经常说的因股施策），以及质地是否会发生根本性变化。

更需要指出的是，大多数公司，可能更适用于"不纯粹"的价值投资，而只有极少数公司，才适用于我所说的"纯粹"的价值投资。

我的"茅台+"组合之中，"+"后的品种更多的是属于前者，实践证明在这些品种上我更多的是赚取了市场的钱，而对于核心品种以及"定海神针"茅台（收藏品、非卖品），则属于我认为的"纯粹"的价值投资，因为就其未来产生自由现金流的能力，在当下的A股真可谓茫然四顾无敌手，而且更为重要的是它还具有永续经营、永续增长的特点（即便未来公司增长触及天花板，但是其主导产品未来仍有抗通胀性）。

当然，就我而言，我现在最为关心的是茅台每年分红多少（同时，我也关注其未来的成长空间，且目前仍未看到天花板），以及在未来10年，或更长的时间，它可以给我开多少"年薪"供我"挥霍"享用。要知道，虽然自己年龄稍大了，但自己的生活也有诗和远方，世界这么大，我更急迫地想去看看！

第二，进一步深化了对分红的认识。

我越来越认识到，像自己这种以年为时间单位的持有者，在以后的投资岁月里必然会碰到"凄风苦雨"的难耐日子，而有分红保底，自然也会平添一种持有的宁静感，在这种情况下，或者分红再投资，或者将分红收入用于改善生活，自然就进入投资的另一番境界了。经常有朋友说我投资心态好，其实有分红保底也是我能够保持好心态的重要因素之一。

对普通投资者来讲，不断地将个人家庭的现金资产转换成优质股权资产是一次革命，一次深刻的革命，而革命的首要成果，就是要率先实现仅仅依靠年度分红便能够满足日常生活和适度享受的目标，在此基础上，再向更高的财务目标迈进。

所以，在股权资产配置上，至少当有一部分这样的分红标的（兼具成长性与分红优厚的公司更好），这是自己在投资实践中更加进化的一点切实体会。

第三，进一步深化了对"普通投资者的目标是攒股"的认识。

一名合格的投资者是需要具有延迟满足的品性的，表现在投资上，就要善于利用低迷的市场，把收集优质的股权资产作为自己的投资目标，即我们通常所说的"攒股"。永远要记住，现金是手段，股权才是目的，而不是相反。

普通投资者差不多都是长期净买入者，因为我们的现金流是慢慢流入股市的（越到后期，资金的流入对账户市值的影响会越来越小），在这种情况下，其实股价低迷相当长时间反而是好事。一者，可以继续买入；二者可以分红再投资，从而越来越多地积攒优质股权。

这里，再谈谈收集优质股权资产，应该遵守以下几个原则。

1. 按照我说的"五性"标准，应该以长寿性为先，即作为珍品来收藏具有永续经营、永续增长的商业模式的公司。这样的标的是十分稀少的，一旦找到了，就要牢牢地抱紧它们，甚至作为收藏品、非卖品来对待。

2. 具有一定比例的分红为最佳。分红并不是我们投资的唯一参数，但是组合中当有价值兼具成长的品种，以便自己没有现金流时，可以将分红再投资。注意：分红再投资的思维十分重要，特别是处于低迷的熊市中更能体现其重要性。

3. 安全边际是要讲的，但当安全边际与商业模式遇到一起时，商业模式优先。我本人的做法就是只要自己认为进入合理或低估的区域就挥杆，这样可能容易导致买入过早，但长期而言，重要的是"量"，而不是差几个点点的"价"。

展望

2024 年是我人生中极为重要的转折点，因为自己终于要"自由"了——自己业余投资已近 23 年，但一直还有主业，如今自己终于要转变为自由投资者了！

财务自由、时间自由、心灵自由，乃我人生之所愿也。从某种程度上讲，自己的基本物质生活得到满足以后，对自己的人生来讲，唯一的"必需品"就是拥有时间，除此之外，自己还拥有什么吗？回答是，自己除了拥有时间，其他任何东西，包括财富都是不重要的，最终也是不会拥有的。

时间，对我们人生来讲，才是最最稀缺的资源，所以，我自认为自由以后反而是进入了人生的黄金时代，自己终于可以与喜欢的人在一起，做自己喜欢的事情了！

为了体验自己崇拜的偶像巴菲特那种"跳着踢踏舞上班"的美妙感觉，自己专门租下了一个投资工作室，名曰"闲大工作室"，呵呵。当然，自己也不搞任何经营，也不会做私募，不会代客理财，自己就是为了让自己的生活和投资更有一种仪式感，自己可以尽情地在属于自己的小天地里喝茶、聚友、读书、写作、发呆。

前文，我曾写下自己的人生愿景，自己以后更有时间和精力去实现自己的人生愿景啦（我一直认为，自己有利他基因，呵呵）。

当然，就我个人而言，我人生最大的愿景是让自己的一生"活得久，很有钱，有人爱"。"一万年太久，只争朝夕"，当下自己也正以极为自律的精神，朝着这个目标努力。

那么，对于未来的股市我有什么期盼吗？

回答是有，不仅有，而且我还信心十足，因为不用谈那些宏大叙事，仅仅依靠"资本永不眠，人性永不变""这次不一样？这次还一样"这两条股市中的"铁律"，我认为未来就没有什么悲观的。

在股市上永远记住一句话，即我们知道它必然要发生，但不知道它什么时候发生，就足够了，只是需要我们多付出一点耐心。

行文至最后，我还是想背诵一下毛泽东的《卜算子·咏梅》，作为本年度投资总结的结束：

风雨送春归，
飞雪迎春到。
已是悬崖百丈冰，
犹有花枝俏。
俏也不争春，
只把春来报。
待到山花烂漫时，
她在丛中笑。

保持年复合收益率 10% 以上（本账户预期以后年复合收益率 10%~12%），等于一个"高级打工者"为这个账户"打工"，进而进入钱生钱的阶段。

这里，不妨算一下账：

➡ 按以后 10% 的年复合收益率计算，由 310.33 万元增至 1 000 万元，需要 12.28 年。

➡ 按以后 12% 的年复合收益率计算，由 310.33 万元增至 1 000 万元，需要 10.33 年。

➡ 按以后 15% 的年复合收益率计算，由 310.33 万元增至 1 000 万元，需要 8.37 年。

这就是时间和复利的威力！这个目标太遥远吗？我相信"相信的力量"，因为唯有相信，才能看见！——当然，很多人可能是看见了，也不相信！

说明一下：以上收益按持仓市值来计算，实际上是一个"精确的错误"，在短期来讲更没有什么实际意义。按照巴菲特计算"透视盈余"的方法，计算出的结果才是更为精确的实际收益。

以 2023 年年底的持股数量计算，2023 年本账户实现净利润与分红情况。

➡ 贵州茅台（1 150 股）：2023 年每股收益为 59.49 元，每 10 股派发现金红利 308.76 元（含税），本账户实现年净利润 68 413.5 元，可得现金分红 35 507.4 元（含税）。

➡ 东阿阿胶（9 300 股）：2023 年每股收益为 1.79 元，每 10

股派发现金红利 17.80 元（含税），本账户实现年净利润 16 647 元，可得现金分红 16 554 元（含税）。

- 格力电器（8 700 股）：2023 年每股收益为 5.22 元，每 10 股派发现金红利 23.80 元（含税），本账户实现年净利润 45 414 元，可得现金分红 20 706 元（含税）。
- 恒瑞医药（3 300 股）：2023 年每股收益为 0.68 元，每 10 股派发现金红利 2.00 元（含税），本账户实现年净利润 2 244 元，可得现金分红 660 元（含税）。
- 通策医疗（1 400 股）：2023 年每股收益为 1.56 元，每 10 股派发现金红利 4.35 元（含税），本账户实现年净利润 2 184 元，可得现金分红 609 元（含税）。

综上，本账户 2023 年实现年净利润 134 902.5 元，可得现金分红 74 036.4 元（含税）。以投入本金 50 万元计算，2023 年投资收益率为 26.98%，其中分红收益率为 14.81%——当然，这样的计算没有考虑到货币的时间价值，即没有进行折现，不过，咱们普通投资者一般就是这样粗算账的。

本账户也已作为"女儿家庭多元化的非控股公司"来看待了，这个"小公司"有如此高的投资收益率和分红收益率，岂不妙哉？更为重要的是这个投资收益率和分红收益率以后大概率是年年增长的。

从这个角度看，本账户已经完全处于"躺赢"的状态了！

附：本账户的投资体系

理论持有期限 40 年，至 2024 年年底已持有 10 年。

所谓理论期限，即理论上这个账户中的资金40年不提取使用，牛市太疯狂了或急用钱除外。

第一，投资本质。买股票就是买公司，就是买入一家公司未来现金流的折现值，然后是"句号"。"然后是'句号'"是段永平先生加上的，我认为加得十分精彩，因为从长期讲，一家公司的内在价值与上市不上市无关，与短期的股价波动无关，与牛熊市也无关，它只与其未来的自由现金流总和有关。

悟明白了上述这个投资的本质，投资就入门了。

第二，投资策略。

与其预测风雨，不如打造挪亚方舟；与其猜测牛熊，不如见便宜了便买入，分段买入，并以年为时间单位长期持有。

投资的出发点和落脚点，一定要放在优秀、低估或价格合理的企业身上，切不可寄托于牛市大潮的全部上涨之上。

第三，买入系统。

1. 整体大熊市低迷期。

2. "王子"一时遇难。

3. 长牛股阶段性深度调整之时。

第四，卖出系统。

1. 发现买错了，立即改正。投资这事儿，谁也难免犯错，关键是别犯灭顶之灾的错误。

2. 贵得太离谱儿，一般高估不卖，贵不贵看10年。

3. 公司基本面恶化，主要是被颠覆或竞争根基被动摇。一时增长放缓要具体研判。

4. 找到性价比更高的，此招儿慎用。

投资组合穿越牛熊，绝不进行波段操作，坚决规避以下两个卖出。

1. 大跌时"吓"得卖出，那是愚蠢的卖出。

2. 赚钱了"乐"得卖出，那是糊涂的卖出。

第五，持股座右铭。如果不想持有一只股票10年，就连10分钟都不要持有。

第六，投资风险。波动并不是风险，哪怕是巨大的波动，如调整30%、50%，也不是风险。真正的风险来自本金的永久损失和长期回报不足，如跑输无风险利率（长期债券、定期存款收益）、上证指数（沪深300）、长期通胀。

第七，收益预期。与上面"跑输"相反，底线是实现"三个跑赢"，争取回报高于基准指数几个小点点，达到投资优秀的水平。

第八，持股心态。就当钱"烂"在股市里了。

送给后辈的"财商"礼物

我有两个漂亮可爱的外孙女，大外孙女2017年1月2日出生，小外孙女2018年6月9日出生。我鼓动全家包括亲家，为两个外孙女建立了一个股票账户，以期为她们将来上大学时积攒下一笔费用。经过精心挑选，终于锁定了两个"国宝"级品种，即贵州茅台与片仔癀，我称之为"绝代双骄"。虽然后来也加买了东阿阿胶这样的"国宝"级品种，但是这个账户的名字仍保持不变。

这个账户建立以后，就基本"封存"起来了（每有买入才打开账户），但是市值屡创新高。截至 2024 年年底，持仓如下：

- 贵州茅台，300 股，持仓成本为 592.753 元，市值为 45.72 万元。
- 片仔癀，500 股，持仓成本为 137.426 元，市值为 10.73 万元。
- 东阿阿胶，3 900 股，持仓成本为 35.782 元，市值为 24.46 万元。
- 一只消费类 ETF，110 400 股，持仓成本为 0.917 元，市值为 9.02 万元。

以下是两个外孙女的账户的设计思路。

第一，规划要长远。 按照现行教育体制，孩子从出生到上大学，有近 20 年的时间，在如此长的时间周期里做选择，必须是要做到"股"不惊人誓不休的。按照巴菲特经济特许权思想，所选标的要具有"垄断、提价、不可复制、永续经营"等典型经济特征。

第二，将"卖"字从头脑中删去。 这个账户是本着"做好股收藏家"的理念建立的，也完全是践行我的投资"八字诀"：选对、拿住、收息、攒股。

第三，做好经历"至暗"时光的准备。 股市是可以产生财富奇迹的地方，然而若想这个奇迹发生，是必然要承受着相当大的波动的。从历史上看，即使茅台、片仔癀这样的品种其股价也经历许多次的腰斩，甚至在相当长的时间内它们的股价是下跌的。至于东阿阿胶更是有几年"王子遇难"的"至暗"时光。所以，若想拥有"诗与远方"，承受其间的颠簸，甚至是较大强度的颠簸，就是必然要经历的过程。这个账户从建立之初，就已经充分做好了这个方面的思想准备。

我坚信，这个绝代双娇账户未来会带来奇迹！